図解で早わかり

改訂新版 最新

行政法のしくみ

弁護士
木島 康雄 監修

本書の3大特色

膨大な「行政法」の基本事項をやさしく解説。

行政活動、組織、行政訴訟のしくみと手続きがよくわかる

個人情報保護法や公益通報者保護法など、最新の法改正にも対応。

三修社

本書に関するお問い合わせについて

本書の記述の正誤に関するお問い合わせにつきましては、お手数ですが、小社あてに郵便・ファックス・メールでお願いします。大変恐縮ですが、お電話でのお問い合わせはお受けしておりません。内容によっては、お問い合わせをお受けしてから回答をご送付するまでに１週間から２週間程度を要する場合があります。

なお、本書でとりあげていない事項についてのご質問、個別の案件についてのご相談、監修者紹介の可否については回答をさせていただくことができません。あらかじめご了承ください。

はじめに

六法全書を開いてみても、「行政法」という名称の法律は見当たりません。しかし、私たちの日常生活は、必ず行政法との関わりがあります。たとえば、自動車を運転するために運転免許証の交付を受けますが、これは「許可」と呼ばれる行政処分です。カフェをはじめたいと思ったときに保健所から受ける営業許可も、同様に行政処分です。さらには、水道水を飲むという当たり前の行動も、水道法に基づく給水契約を結ぶことにより可能になるのです。このように、私たちの生活と密接に関係する行政法は、身につけておくべき大切な法分野です。

一般に行政法は、行政に特殊固有の法であるという非常に抽象的に定義されることが多いのですが、本書では、できる限りわかりやすく、一つひとつ積み重ねて理解することができるような構成になっています。行政法全体に通用する基礎理論からはじまり、行政法のメインともいえる行政行為については詳しく多くのページを割いて説明しています。その他の行為形式や行政争訟法についても、行政法が身近であることが意識できるように、一般的な説明とあわせて、私たちに関係が深いトピックを選んで説明するよう心がけています。

行政は時代の流れに素早く対応できなくてはならないため、関係法令の改正も頻繁に行われます。近年では、情報化社会の急速な進展にともなう個人情報保護法の大改正が行われました。

改訂にあたり、本書では、個人情報保護法改正や公益通報者保護法改正などの新しい問題についても取り扱っています。

本書を通じて、皆様のお役に立つことができれば、監修者としてこれに勝る喜びはありません。

監修者　弁護士　木島　康雄

CONTENTS

PART 7 行政争訟法

PART 8 国家補償法

PART 1

行政法とは何か

PART1
1

行政法の意義

行政法とは何か

国民の生活と密接に関わる行政に関する法律の総称

■ 行政法とは

役所ではさまざまな行為が行われていますが、役所での活動は行政活動に該当します。**行政**とは、大雑把に言うと国や地方自治体といった行政主体によって行われる活動です。

行政は、多種多様な形で私たち国民の生活に関わっています。たとえば、国税庁は税金を徴収します。警察は交通整理をします。また、飲食店をはじめるときは、保健所の営業許可が必要になります。数え上げたらきりがないぐらいです。

このようにほとんどの国民と密接に関わっている行政ですから、社会の秩序を守るためのルールである法律が適用されなければなりません。大雑把な言い方をすると、この行政に関する法律を**行政法**といいます。

ちょっと難しい言い回しになりますが、法律学の１つの分野である行政法学では、「行政法とは、行政に固有または特有の国内公法である」と厳密に定義されています。

「固有または特有」という言葉は、「行政だからこそ適用される」ということを意味します。また、国内公法という言葉は、「行政法が、国内で適用される法である」ということを意味します。したがって、外国と条約を結ぶ場合などは、外務省や行政府の長である内閣総理大臣が関係しますが、これは国際法の問題となるので、国内法の一種である行政法は適用されません。

国際法

複数の国にまたがる行為の基準となる法律のこと。かつては、国家間の関係の基準となるものが主だったが、現在は、国連などの国際機構や、条約によって権利義務が与えられた場合に個人間の関係の基準となるものもある。国際法は、文書に記載される、成文法である「条約」と、記載されない、不文法である「国際慣習法」に大別される。

■ 行政法の特質とは

行政法は、どのような特質をもっているのでしょうか。民法

行政法の特質

行政法

行政に固有・
特有の国内公法

公益優先性：行政は国民一般（公益）のために
行われなければならない

【例】交通規制、津波注意報
→事故や被害の防止のために国民一般を
対象に行う

公権力性：国民の意思に関係なく強制的に
権力を行使する場合がある

【例】区画整理事業計画のための土地収用
→私人は強制的に土地を収用される

は、平等な国民の間での自由な取引を目的としているので、自由や平等といった特質をもっていますが、行政法には、次のような特質があるとよく指摘されています。

たとえば、交通事故が起こったときは新たな事故を防止するために、警察が交通規制をします。地震が起こったときは、気象庁が津波注意報を出します。これらは、特定の国民のためではなく、国民一般のために行われることです。このように行政には公益優先性があります。ですから、行政法の特質としては公益優先性があります。

また、税金を滞納していると、税務署によって強制徴収されてしまいます。また、区画整理のために個人の土地が収用されることがあります。これらは、相手の意思に関係なく強制的に権力を使って行われます。つまり、公の権力が使用されるわけです。ですから、行政法には公権力性という特質もあるわけです。

ただ、行政法の中には、情報公開制度のように行政に義務を課すものもあります。福祉のように個々人の利益になることもあります。行政法は多種多様なので、一概に決めつけずに一つひとつをよく検討することが大切だといえます。

行政法の法源

成文、不文の区別なく、さまざまな分野をフォローしている

■ 行政法の法源とは

法というものは、いろいろな形で存在しています。この法が存在する形式を法源といいます。民法の法源は、民法典などです。また、刑法の法源は、刑法典などです。行政法は、憲法典や民法典などのような統一的な法典はなく、さまざまな分野に幅広くまたがっています。

① 成文法源

書面で表されている法を成文法源といいます。行政法の成文法源は以下のものがあります。行政については明確に定めることが必要なので、法源も成文法源が原則となります。

・憲法

憲法も、内閣など行政について規定しています。ですから、行政法の法源です。

・法律

国会で制定される法律は、もっとも中心的な法源です。後述しますが、行政は国会の制定する法律に従わなければならないので、法律に重点が置かれることになります。

・命令

行政機関が制定する成文の規範（ルール）を命令といいます。命令も行政法の法源となります。命令には、政令・内閣府令・省令・規則などがあります。

・地方自治体の自主法

地方自治体の自主法には、地方議会の制定する条例と知事・市長などの長が制定する規則がありますが、いずれも法源になります。

条例

地方公共団体が制定する自主立法。憲法94条にいう「条例」はこれより広く、長の規則なども含む。都道府県などが制定した定めのことで、その地域だけで適用される。条例は、法律の範囲内で制定される。ただし、法律の定めより厳しい規制をしたり、法律が定めていない事項について条例で定めることは原則として許されると考えられている。

行政法の法源

- 法源
  - 成文法源：憲法・法律・命令
    地方自治体の自主法・条約
  - 不文法源：慣習法・条理・判例？

・条約

条約は国家間で結ばれる取り決めです。しかし、国内に公布・施行されることによって、国内法としての効力が発生し、国内でも適用されることになります。そのため、行政法の法源になります。

②　不文法源

書面で表されていない法を不文法源といいます。成文法源が不十分であったり、抽象的な規定などを解釈するときに法源になります。

・慣習法

慣習法とは、慣習のうち法としての効力を認められているものです。ただ、多くの人が慣習として行っているだけではなく、「これが法である」という確信があることが必要です。

・条理（法の一般原則）

条理とは社会通念であり、いわゆる社会一般の常識です。法律などの解釈を行うときに条理も行政法の法源となります。

・判例法

理論的には、判例を当然に法源とみることはできません。ただし、最高裁判所の判例は判決後の下級審では尊重されており、わが国では判例変更は稀です。さらに、立法に取り入れられたり、行政実務が判例に従って執行されています。行政法の統一的法典が存在しないことからも、事実上、行政法の領域で判例の存在は無視できないものとなっています。

不文法源

規範（ルール）として人々にとって拘束力を持つが、文書としての形式が存在しない法をいう。民法典や刑法典など、わが国は多くの法律が文書の形式を採っているが、本文中の慣習法や条理、または判例などが不文法源の例として挙げられる。

社会通念

社会で広く受け入れられている考え・常識のこと。裁判における事実の認定や判決は社会通念に従って行われる。

PART1
3

行政法とは何か

公法と私法①

どこまでが行政法の対象になるのかについての考え方の違いを知っておく

■ 絶対的区別説という考え方

行政法が行政に固有または特有の国内公法であることは、前述しました。では、行政に関することがすべて行政法の対象になるのでしょうか。私人同士を規律する民法などの私法（国民の間を規律する法律）はまったく適用されないのでしょうか。

この問題については、昔から、学者の間でも激しい議論が展開されてきました。そして、行政上の法関係を公法関係と私法関係に分けることが主張されました。**公法**とは、国・自治体と国民の関係を規律する法律です。そして、公法関係は、もっぱら行政法が適用される関係です。また、私法関係は、民法などの**私法**が適用される関係です。このように行政上の法関係を分けることについては次のような長所があるといわれてきました。

① 行政法学の対象となる分野を明確にできる。

② 行政上の法関係に適用される法律を決定できる。

③ 訴訟になったとき、どんな手続きによるべきかが決定できる。

ここで、行政上の法関係を公法関係と私法関係の２つにはっきりと分けた上で、公法関係には公法だけが適用されて私法の適用は認められず、私法関係には私法だけが適用されると考える学説があります。この学説を絶対的区別説といいます。

絶対的区別説

絶対的区別説は、法関係を明確に分けることによって、本文中の①から③の長所を十分に引き出すことができると考えている。

■ 相対的区別説の登場

絶対的区別説に対して、後に批判が起こります。つまり、行政上の法関係とはいっても、国が学校を経営することや道路を管理することを考えると、単純に公法関係と私法関係の２つに

絶対的区別説と相対的区別説

絶対的区別説

公法関連 ➡ 公法を適用
私法関連 ➡ 私法を適用

相対的区別説

本来的公法関連 ➡ 公法を適用
伝来的公法関連 ➡ 公法・私法を適用
私法関連 ➡ 私法を適用

分けて考えることはできないはずだという考えです。この立場からは、私法関係であっても行政上の私法関係と一般私人の私法関係を分けて考えるべきではないかということになります。そこで、次のように分けて考える学説が登場しました。この学説を相対的区別説といいます。

① **本来的公法関係（支配関係）**

国や自治体が国民に対して支配的・権力的に関わる関係については公法が適用されます。警察や税務がこれにあたります。

② **伝来的公法関係（管理関係）**

国や自治体が事業や財産の主体として国民に関わる関係については、法律が条文上規定している場合か公共性がある場合に限り公法が適用されます。道路行政や教育事業がこれにあたります。

③ **私法関係**

もっぱら私法が適用されます。行政との法関係では、それが公法関係であるか私法関係であるかによって、適用される法律が異なってきます。たとえば、行政が民間の業者に工事を発注した場合などは、私人同士の請負契約と同様なので、民法が適用されることになります。

公法と私法②

問題になっている行政上の法関係を個別具体的に判断する考え方が公法・私法区別否定論

■ 相対的区別説に対する批判

前述した公法と私法を区別する相対的区別説に対しては、区別すること自体に批判があります。おもな批判は次のものです。

① 公法と私法を区別する説の背後には、公権力を優位に扱うという考え方があった。しかし、民主主義国家では、公権力の優位を強調すべきではない。

② 公法関係では、私法が排除されて公法が適用されるとするが、適用すべき公法が常にあるとは限らない。

③ 道路行政はたしかに管理関係であるが、強制的に土地を収用することもあるので、権力的な関係も含まれている。

④ 行政指導や要綱行政などのように、公法・私法では割り切れない新しい形の行政活動が登場してきている。

⑤ 非権力的な行政に対しても、行政法によって行き過ぎをチェックできるようにすべきである。

要綱行政
要綱という形で指針を定めた上で、権力的ではない行政指導により、目的を達成しようとする行政活動を指す。

非権力的な行政
行政指導など、強制力のない行政活動。

■ 公法・私法区別否定論

こうして、公法と私法を区別する学説に対する批判から、公法関係で頭から私法の適用を排除したり、私法関係で常に私法だけが適用されるのではなく、それぞれの問題ごとに、具体的に公法を適用して解決すべきか、それとも私法を適用して解決すべきかを判断していくという考え方が広がってきました。

このように、最初から公法・私法を区別して考える相対的区別説と異なり、問題になっている行政上の法関係をそれぞれ個別具体的に検討した上で、公法を適用すべきか私法を適用すべ

公法・私法の区別に関する考え方の変化

従来

法関係を公法・私法に区別

⇒

最近

問題となっている行政上の法関係を具体的に検討

きか判断していく考え方を公法・私法区別否定論といいます。

■ 民法177条の適用による解決

同一の不動産について、複数の利害関係をもつ者が現れた場合、その優先劣後は、登記の前後によって決められます（民法177条）。たとえば、債務者所有の土地を、債権者２名が、それぞれ差し押さえた場合、先に差押えの登記を備えた方が、優先権を主張できます。では、ある土地が一方では私人に差し押さえられ、他方では国が国税滞納処分に基づき差し押さえたとき、私人と国のどちらが優先権を主張できるのでしょうか。

この点、判例は、権力的な税務行政に対して民法177条を適用して解決しました。つまり、前述した例でいえば、私人と国のうち、先に差押えの登記を備えた方が、優先権を主張できると判断したのです。国税滞納処分に関する判例には、公法・私法を頭から区別せずに、問題になっている行政上の法律関係の性質を個別に検討して私法の適用を判断する考え方があるようです。税金の滞納処分に基づく財産の差押えと、一般の債権者が債務者の財産を強制執行するためにする差押えとは、法律関係の性質がかなり似ています。そこで、判例は民法177条を適用して判断したものと考えられています。

強制執行

裁判所の力を借りて強制的に債権を実現すること。

差押え

強制執行の準備のため、所有者が財産を処分できなくすること。

法律による行政の原理①

明治憲法下での法治主義を修正したもの

■ 議会で制定された法律に従うこと

法治主義とは、行政は客観的な法律に従って行われなければならないとする原理です。国民には税金を納める義務がありますが、行政に携わる公務員が「Ａさんからは100万円、Ｂさんからは1000万円の税金を取り立てる」というように、自由気ままに税額を決めたのでは、国民の予測が立たず、何よりも民主主義に反します。そこで、行政活動を行うには国民の代表者が集まる議会で制定された法律に従うことが必要であると、考えられるようになったわけです。

■ 法律による行政の原理とは

江戸時代に鎖国状態にあった日本は、明治時代に近代国家の建設をめざしていましたが、その一環として、法治主義に基づく行政を確立するための努力が払われていました。そのとき、日本はドイツの法制度を大いに参考にしており、法治主義についても、ドイツで発達した法律による行政の原理を採り入れていました。この法律による行政の原理は、次の３つの原則から成り立っています。

① **法律の優位の原則**

すべての行政は法律に違反することができない。

② **法律の留保の原則**

国民の権利・自由を侵害する行政には、法律の授権が必要である。

③ **法律の専権的法規創造力**

法律の授権

法律により、行政に一定の行政行為をする権限を与えること。

法律による行政の原理

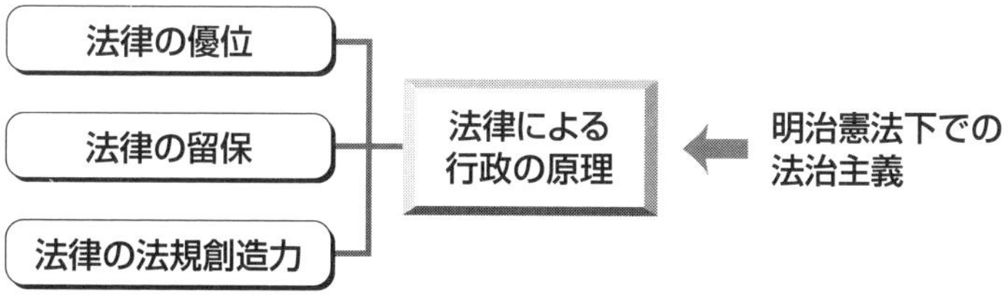

国民の権利・自由を侵害する規範である法規は、議会が制定する法律か法律による授権という形をとる必要がある。

■ 法律による行政の原理の問題点

法律による行政の原理には、以下のような問題点があります。

① 法律の留保は、裏を返せば、法律の授権さえあればそれがどのような内容であったとしても、国民の権利・自由を侵害することができることになってしまう。国民の権利・自由を保護するために、法律の内容についても拘束する必要があるのではないか。

② 従来、国民の権利を侵害しない福祉行政や非権力的な行政では、法律の授権は不要だと考えられてきた。しかし、給付行政や行政指導などが重要な機能を果たしている現代においては、国民の権利・自由を保護するために、そのような行政についても規制する必要もあるのではないか。

福祉行政
国民の福祉の実現を目的とする行政のこと。たとえば、公園の設置など。

非権力的行政
行政がその目的を実現するために権力的な手法を使わないこと。

給付行政
21ページ欄外参照。

■ 明治憲法下での法治主義

日本でも、法律による行政の原理を採り入れて明治憲法が制定されました。しかし、明治憲法は国の主権者を天皇とする建前であったため、法律による行政の原理も不十分なものでした。

まず、議会が制定しない緊急勅令や独立命令が認められていました。緊急勅令とは、公共の秩序を守りまたは災害を避けるために、法律に代わって天皇によって発せられるものです。独立命令とは、公共の秩序を守り国民の幸福を増進するために、法律から独立して天皇によって発せられるものです。これらは、前述した法律の法規創造力の例外をなすものでした。

また、公務員や行政組織については、天皇が法律の授権なく定めることができるとされていました。

■ 天皇主権から国民主権へ

敗戦によって日本はあらゆる改革をすることになりました。つまり、社会のさまざまな面で民主化が図られたわけです。国の法制度の面では、まず、憲法が改正されて、天皇主権の明治憲法から国民主権の日本国憲法にバトンタッチされました。日本国憲法はその98条で、「憲法こそが国にある法の中で最高の効力をもつ」ことを規定しています。ですから、行政法の領域でも、日本国憲法の掲げる国民主権や基本的人権の尊重に従って、それまでの考え方を修正する必要性が生じたのです。

■ 法治主義の修正

明治憲法から日本国憲法への移行に伴って、それまで通用していた法治主義が修正されました。

① 唯一の立法機関の徹底

日本国憲法の41条は国会を唯一の立法機関としています。つまり、国民主権の原理を採用したため、行政は国民の代表者である国会の制定する法律によって行政活動を行うこととされ、法律の規制に服することが徹底されることになりました。法律の法規創造力が憲法によって認められたわけです。

その結果、明治憲法下で例外として認められていた、緊急勅令や独立命令などは認められなくなりました。

法律の法規創造力
法律だけが法規を創造する力をもつこと。

日本国憲法制定に伴う修正

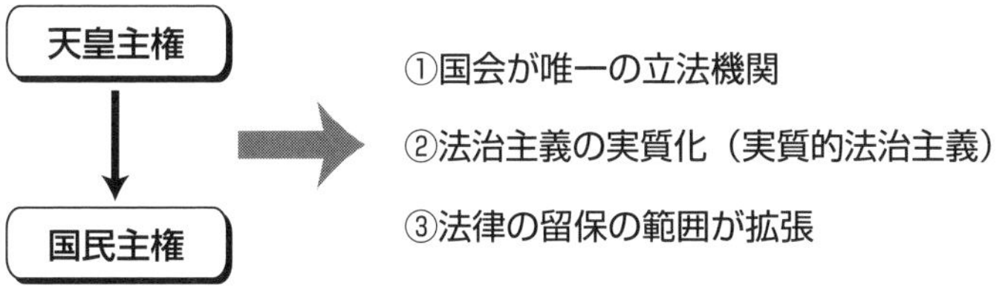

②　法治主義の実質化

明治憲法下での法治主義は、議会の制定する法律でさえあればその内容は問わないものでした。そのため、国民の人権を侵害する法律であっても、それに従って行政活動が行われる以上は、法治主義に反することにはなりませんでした。

しかし、基本的人権の尊重を掲げる日本国憲法の下では、法律の内容は人権を保障したものでなければなりません。明治憲法下の法治主義を形式的法治主義というのに対して、日本国憲法が要求している法治主義は実質的法治主義といわれています。

③　法律の留保の範囲

伝統的な法律の留保は、国民の権利・自由を侵害する行政については、法律によって当該行政行為を行う権利が認められること（法律の授権）が必要であるとするものでした。

しかし、現代では行政への需要はさまざまで、その活動も多種多様です。国民の権利・自由を侵害する行政以外にも、福祉の発達に伴う給付行政や行政契約・行政指導といった非権力的な行政もあります。これらの行政についても、法律による授権や規制は必要ではないのかという疑問が当然のことながら生じてきます。この点については、日本国憲法下では学説の激しい対立がありますが、後述することにします（24ページ）。

給付行政

国家が積極的に国民生活に関与する福祉国家の観念に基づき、公共施設の建設など国民に利益をもたらす行政活動を指す。

法律による行政の原理②

国民の権利・自由を守る諸原理

■ 法律の専権的法規創造力の原則とは

国民の権利・自由を制限する規範の制定は、議会が議決した法律という形式で行わなければなりません。このことを**法律の専権的法規創造力の原則**といいます。

法規
人の権利・義務に関係する規範（ルール）を指す。法律と区別されることなく用いられている場合もあるが、すべての法律が法規にあたるわけではない。

絶対王政下の行政に典型的に見られた、君主の恣意的な命令による行政を防止し、個人の権利・自由を守ることを目的としています。日本国憲法は41条で「国会は、国の唯一の立法機関である」と規定し、この原則を採用しています。

もっとも、現代においては、行政による柔軟・迅速な対応が要請される場合があります。たとえば、ある食品が、人に重大な健康被害をもたらすことが新たに判明した場合などです。また、専門的・技術的な判断能力に優れた行政に、規範の制定を委ねた方が、国民の権利・自由の保護に適している場合もあります。そこで、例外として、法律による個別・具体的な授権（委任）がある場合には、法律以外の形式で、行政が国民の権利・自由を制限することが認められています。たとえば、金融商品販売法という法律は、規制対象となる金融商品を明示的に列挙し、それらに類する商品を、政令が新たに金融商品として追加することを認めています。

どのような商品を規制対象とすることが、国民の財産権保護に適しているかについての判断は、専門性・技術性が必要とされるため、金融商品販売法は、政令に個別・具体的な委任をして、行政に規範の制定を一部委ねているといえます。

目的と手段の関係

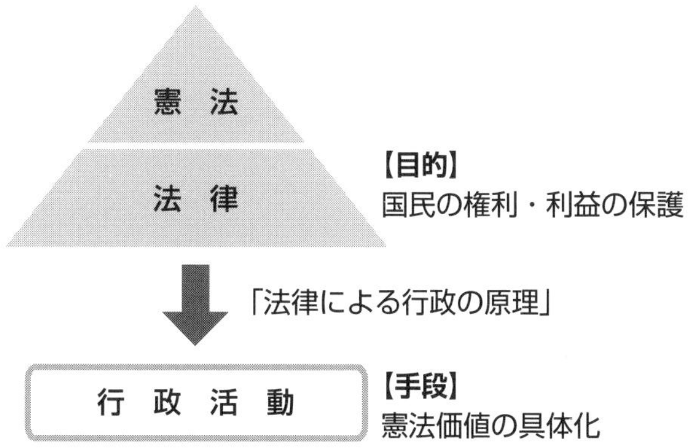

■ 法律の優位の原則とは

国民の権利・自由を制限する規範の制定を国会の議決する法律の専権事項としても、行政が法律を守らなければ個人の権利・自由を守ることはできません。したがって、行政は法律に基づき、法律の認める範囲内で行われることが必要とされています。このことを**法律の優位の原則**といいます。

日本国憲法は、内閣に法律の誠実な執行義務を課し（76条1号）、この原則を採用しています。行政が法律に違反した処分等を行った場合には、当該処分等は、無効あるいは取り消されるべき行政行為とされ、不利益を受けた個人には各種の救済手段が認められています。具体的には、当該個人は、行政上の苦情処理の制度あるいは、行政不服審査法に基づく行政不服審査制度を利用して、行政に不服を申し立てることができます。

また、裁判所に対し、処分の取消訴訟、あるいは無効等確認の訴えを提起することにより、不服を申し立てることもできます。さらに、違法な行政処分により、損害を被った個人は、国家賠償請求をすることも認められています。

行政行為と行政処分

行政行為は学問上の用語である。とくに行政訴訟等の分野においては、行政行為と行政処分は、同一のものと扱われている場合が多い。

■ 法律の留保の原則とは

国民の権利・自由を制限する規範の制定に、議会が議決した法律の形式を要求し（法律の法規創造力の原則）、行政は、法律に違反してはならないとしても（法律の優位の原則）、法律の根拠なく行政が行われることを認めるのであれば、国民の権利・自由を守ることはできません。

そこで、行政は、あらかじめ定められた法律を根拠として行わなければならないとされます。このことを**法律の留保の原則**といいます。

過去の国民の権利・利益を侵害してきた例

たとえば、絶対王政下の国家においては、行政は国王による国民の権利・利益の収奪という形で行われていた。

ところで、かつて行政は、国民の権利・利益を侵害する態様で行われてきました。国民に重税を課したり、その身柄を拘束したり、例を挙げれば、枚挙にいとまがありません。

福祉主義

自由競争の結果生じた不均衡を国家が積極的に是正することを認める考え方。自由主義を補完する原理。

しかし、福祉主義を掲げた現代国家においては、生活保護や障害補償など、国民に利益を与える給付行政も行われるようになりました。また、以前は権力に物を言わせて国民の権利・自由を制限していた行政も、民主主義への配慮から、指導や契約といったソフトタッチな方法をとるようにもなってきました。

このように、現代における行政活動は、国民の権利・自由を権力的に侵害するもの以外にも、多岐にわたって存在しています。そこで、これらの新しいタイプの行政についても、法律の授権が必要になるのかどうかが議論されています。

■ 法律の留保をめぐる学説

どのような行政に対して法律の授権が必要になるかについては、さまざまな学説が対立していますが、大きく分けると次の４つに分類されます。

①　侵害留保説

国民の権利・自由を権力的に侵害する行政についてだけ法律の授権を必要とする学説で、従来からの法律の留保の原則で採られていた見解です。

法律の留保をめぐる考え方

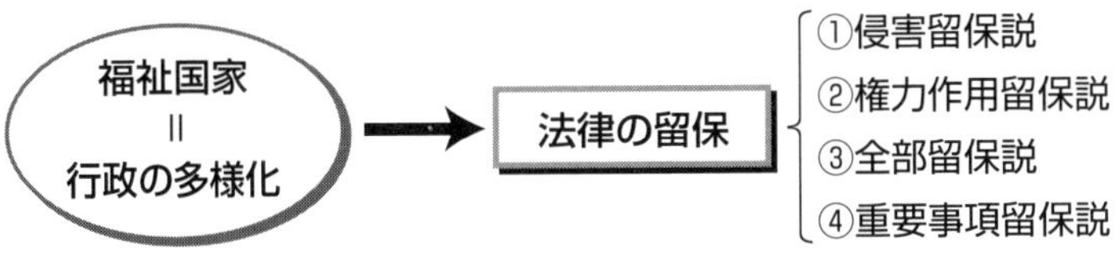

この学説に対して、権力的な行政だけに限らず、非権力的な行政にも拡張すべきとする修正説もあります。修正説によると、非権力的な行政指導でも相手方の権利・自由を侵害する場合には、法律の授権が必要になります。

②　権力作用留保説

行政活動のうち、権力的作用については、法律の授権を必要とする学説です。

この見解では、行政契約や行政指導などの非権力的な行政活動についてはそれが国民の権利・自由を侵害するものであっても法律の授権は必要ないことになります。給付行政は法律の授権が必要とされます。

③　全部留保説

国民の権利義務に関わる行政については、それが権利・自由を侵害せず利益を与えるものであっても、すべて法律の授権が必要であるとする学説です。

ただ、法律がない場合に、迅速で柔軟な行政活動ができず、現実的ではない、という批判があります。

④　重要事項留保説

行政活動のうち、重要な事項についてのみ法律の根拠が必要であるとする学説です。この考え方に対しては、行政において重要な事項とは何かが明確でないという批判があります。

PART1
7

行政法とは何か

信頼保護の原則

行政側に信頼を寄せる国民を行政側が裏切った場合に保護すべきという原則

■ どのような原則なのか

行政は専門的かつ複雑で、国民にとってはなかなか理解しづらいものです。そのため、国民としては、どうしても専門家である公務員の言動を信頼して行動する他なくなります。

ただ、その信頼が裏切られることも、ときにはあるようです。税金が課せられないという非課税通知を受け取ったので安心していたところ、実は法律に照らすと課税すべきだったので、過去に遡って滞納として扱われ、差押えを受けてしまった、という事件がありました。

前述した法律による行政の原理からすれば、法律に従って課税し直すのが本当かもしれません。しかし、私人間での取引と同じように、国民も行政側を信頼して行動しているので、いくら法律による行政の原理があってもそのままでは酷な話です。

民法には信義誠実の原則があります。公法関係であっても、民法の一般原則は適用されます。そこで、行政側は信頼を寄せている国民を裏切ってはならず、もし信頼を裏切った場合は保護するべきとする信頼保護の原則が近年論じられるようになりました。また、前後で相反する行為を禁じる禁反言の法理も関連して論じられています。

非課税通知を受けた事件で、東京地方裁判所は、この原則を適用して過去に遡った課税処分を無効として納税義務者を救済しました。法律による行政の原理が国民の信頼に一歩譲った形になったわけです。

信義誠実の原則
お互いに相手の信頼を裏切らないように行動すべきとする一般原則（民法１条２項）。

信頼保護の原則とは

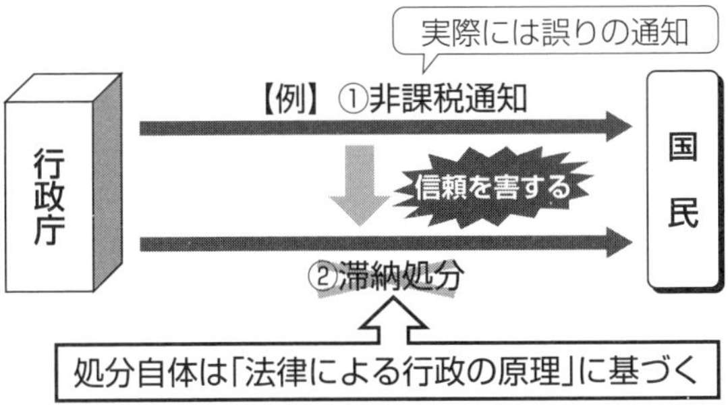

■ 信頼が保護される場合とは

信頼が裏切られたら保護されるといっても、具体的にはどのような場合に保護されるのでしょうか。国民が一方的に信頼を寄せていた場合のすべてに対して保護が与えられるのでは、行政の実務は滞ってしまいます。非課税通知がなされたなど、個別具体的な措置がとられた場合は、そこに寄せられた信頼は保護すべきでしょう。ただ、工場建設を誘致するために奨励金を交付するという条例が改正された事件では、奨励金を受け取れるだろうという期待は法的には保護されないとした判例もあります。法律や条例などのような一般的な措置だけでは、信頼の保護は難しいようです。

では、信頼保護の原則が適用された場合、信頼を裏切られた国民はどのようにして保護されるのでしょうか。

まず、信頼した通りの措置を実施してもらうことが考えられます。過去に非課税扱いとされたのであれば、そのまま過去の分は非課税にしておくわけです。もし、それが不可能であれば、損害賠償や損失補償が考えられます。工場誘致の政策が変更されることは仕方がないので、誘致を信頼したために被った損害を賠償してもらうわけです。

信頼の保護

法律や条例などのような一般的な措置だけでは、信頼の保護は難しい。しかし、行政が何らかの実行活動を行えば、仮に行政の行動に誤りがあっても、それを信じて行動した国民は保護される。この考え方を信頼の保護という。さらに、ただ行政の措置を信頼しただけではなく、客観的に依存して資金や労力を投入したといった事情も必要である。

権利濫用の原則

不当な目的での権利行使は認められない

■ 権利濫用の原則とは

民法1条3項は、「権利の濫用は、これを許さない」と規定し、権利濫用の原則を採用しています。具体的には、形式としては正当な権利行使と見られるが、実質的に見ると権利行使として認めることが妥当でない行為を禁止することを意味します。

ある権利行使が権利濫用と評価されると、その権利本来の効力は認められず、権利行使が違法と評価されます。

この権利濫用の原則は、民法などの私法上の法律関係だけではなく、行政法を含めたあらゆる法律関係において適用されます。以下では、国民（私人）の行政機関に対する権利行使が権利濫用とされる場合と、行政機関の権限行使が権利濫用とされる場合について見ていきましょう。

■ 私人の権利濫用

国民の行政機関に対する権利行使が権利濫用とされる場合としては、たとえば、不当な目的で、行政機関に対して情報開示請求をする場合を挙げることができます。

情報公開法により、個人の情報開示請求権が保障されているので、行政機関は個人の開示請求に応じなければならないのが原則です。しかし、行政機関の業務を妨害することを目的としてなされる開示請求等については、これを認めることは妥当ではありません。そこで、専ら行政機関の業務に支障を生じさせることを目的としてなされる開示請求は、権利の濫用に該当し、禁止されます。

情報開示請求権

情報公開法が個人に認めている情報開示請求権の内容には注意が必要である。対象は情報自体ではなく、行政機関が持っている行政文書を対象に、個人に開示請求権を認めている。

不当な目的での権利行使の否定

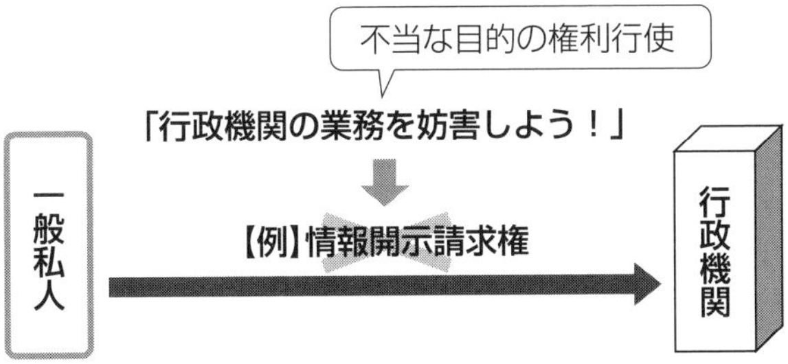

もっとも、権利濫用とされると、国民の権利を制約することになるので、その判断は、慎重になされることが必要です。

■ 行政側の権利濫用

行政機関の権限行使が権利濫用とされる場合としては、行政機関がその裁量権を濫用する場合を挙げることができます。

たとえば、市には図書館の設置権限が認められています。したがって、法律の定める要件の下で、行われた図書館の設置行為は、市の裁量権の範囲内の行為として、適法とされるのが原則です。

ところで、パチンコ店は、図書館の近くには出店できないことになっています。市が、パチンコ店の出店を妨害する目的で、特定の場所にあえて図書館を設置することまで認めるのは妥当ではありません。そこで、市が、専らパチンコ店の出店を妨害する目的でした図書館の設置行為は、裁量権の濫用であり、違法と評価されることになります。

判例も、県知事による、個室付浴場の設置妨害目的でなされた児童遊園の設置行為を、裁量権の濫用として違法と評価しています。

裁量権

行政活動は、法律に基づき行われるのが原則である。しかし、すべての事項を法律で規定することは困難であり、とくに専門技術的な事柄については、行政がある程度自由な判断に基づき、行政活動を行うことができる。

比例原則・平等原則など その他の原則

国民の利益を守る諸原則

■ 比例原則とは

福祉国家
自由競争の結果生じた不均衡を是正するため、国家がさまざまな政策を実行することを認める国家体。福祉主義国家の略。

福祉国家の理念の下、現代においては、行政活動が多種多様化し、行政機関による国民の権利・自由の侵害可能性が高まっています。そこで、行政活動による国民の権利・自由に対する制約は、その目的を達成するために必要最小限度にとどめなければならないとされます。このことを比例原則といいます。

たとえば、違法な営業を行った店舗に対しては、営業許可の取消し、一定期間の営業停止、戒告など、さまざまな行政処分がありえますが、違法の程度、態様に照らし、均衡のとれた処分が選ばれなければなりません。

■ 平等原則とは

行政機関による国民に対する不合理な差別は禁止されます。このことを平等原則といいます。憲法14条の法の下の平等を根拠とします。たとえば、図書館の利用申請に対して、市が、合理的な理由もないにもかかわらず、ある人の申請は許可し、他の人の申請を不許可とすることは許されません。

■ その他の行政法の一般原則とは

行政法上の法律関係を規律する他の一般原則として、①信義誠実の原則、②適正手続きの原則があります。

信義誠実の原則
行政は国民の信頼を裏切ってはならず、誠実に行動しなければならないとする原則。

信義誠実の原則は、民法１条２項を根拠とする私法上の一般条項ですが、行政法上の関係にも適用があります。たとえば、行政機関の解釈を信頼し、納税した国民に対し、その解釈と異

各原則の根拠

諸原則	内容と根拠
比例原則	国民の権利・自由の侵害は必要最小限でなければならない ⇒【根拠】憲法 13 条？（有力説）
平等原則	行政が不合理な理由で国民を差別してはならない ⇒【根拠】憲法 14 条〔法の下の平等〕
信義誠実の原則	行政は信頼を裏切るような行為をしてはならない ⇒【根拠】民法１条２項
適正手続きの原則	国民の権利・利益に反する行政活動には事前手続きが必要である ⇒【根拠】憲法 31 条

なる課税処分をなすことが、信義誠実の原則に反し、許されないとされる余地があります。ただ、租税法律主義の観点から、信義誠実の原則に反するか否かは、慎重に判断される必要があります。また、国には、自衛隊員に対して生命・健康についての安全を配慮する義務があり、国は、安全対策を講じる信義則上の義務を負うとした判例があります。

適正手続きの原則とは、行政が行政手続きにより国民に不利益を課す場合には、事前に国民に対して不利益の内容を告知し、弁解と防御の機会（告知・聴聞の機会）を与えなければならないとする原則です。憲法31条の刑事手続きにおける適正手続きを根拠としますが、行政手続きによる国民の権利侵害の可能性が高まっている現代においては、適正手続きの原則が行政手続きにも適用されると考えられています。たとえば、税務調査にあたっては、事前の国民に対する通知と理由の開示が必要とされます。もっとも、伝染病に罹患した患者を隔離する手続きのように、行政手続きの中には高度な緊急性を要するものもあります。したがって、すべての行政手続きに適正手続きの原則が適用されるわけではないことに注意する必要があります。

一般条項

法律行為の要件などを抽象的に定めている規定のこと。信義則や権利濫用の禁止について定めている民法１条、公序良俗に反する法律行為を定めている民法90条の規定などが一般条項に該当する。
一般条項に該当する事実があるかどうかの判断は、裁判官の裁量に委ねられる。

租税法律主義

国や地方自治体が税金を課す場合には、法律または法律の定める条件に基づかなければならないという考え方。憲法84条は租税法律主義を規定している。具体的には、租税の課税対象、納税義務者、課税標準、税率といった課税要件などを、法律の根拠に基づいて定めなければならないということを意味する。

PART1
10

行政裁量①

羈束裁量か自由裁量かという分け方をせずに相対的に判断する

■ 行政裁量とは

法律による行政の原理によれば、行政の活動についてはできる限り法律で細かく規定されていて、行政独自の裁量の幅が小さい方がよいようにも思われます。

ただ、現実として行政はさまざまな場面で機能するので、それらをすべて法律であらかじめ規定しておくことは困難です。また、専門家である公務員に、現場での判断を委ねた方が合理的な場合もあります。そこで、法令によって行政活動を一義的に拘束せずに、行政庁に判断の余地を認めていることがあります。これを**行政裁量**といいます。

行政裁量

行政行為でよく見られるが、その他にも、行政機関が規範を制定する行政立法、行政活動の計画を立てる行政計画などにおいても見られる。

では、行政裁量はどのような場合に認められるのでしょうか。戦前は、まったく裁量の認められない羈束行為と行政の裁量が認められる裁量行為を区別し、さらに、裁量行為を羈束裁量行為と自由裁量行為に分けていました。そして、羈束裁量行為は、行政といっても自由な裁量が認められるわけではないため、裁判所の司法審査が及ぶとしました。一方、自由裁量行為は、行政の自由な裁量が認められるため、裁判所の司法審査は及ばないとしました。

■ 羈束裁量行為と自由裁量行為の区別

羈束裁量行為と自由裁量行為をどのように区別するかについては、大きく分けて２つの考え方がありました。

① **形式説**

法律が要件を定めていなかったり、「公益のため必要あると

羈束行為と裁量行為

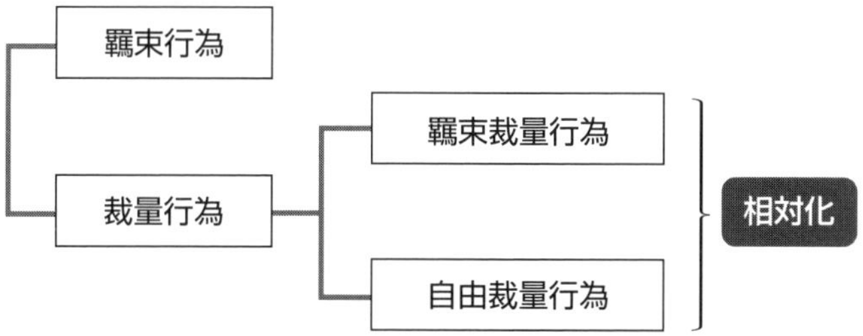

き」といった規定の仕方をしている場合は、自由裁量が認められるとする学説です。

② 　**実質説**

国民の権利・自由を制限する行為については、自由裁量が認められないとする学説です。

戦後になって、行政庁の処分によって不利益を受ける者が、その処分を取り消すように裁判所に訴えることが行政事件訴訟法によって認められるようになりました。行政事件訴訟法30条では、「行政庁の裁量処分が裁量権の範囲をこえ、又はその濫用があつた場合に限り、裁判所は、その処分を取り消すことができる」としています。この規定は、羈束裁量行為と自由裁量行為の区別は明確なものではなく、相対化していることを示しています。法律の規定の仕方もさまざまですし、国民が利益を受ける行為でも行政の裁量に限界はあるはずです。

これらのことから、羈束裁量行為か自由裁量行為かといった、すべてかゼロかという分け方をせずに、法律の規定の仕方、司法審査による救済の必要性といった観点から、裁量の幅を判断していくべきでしょう。

PART1
11

行政裁量②

逸脱や濫用を防止するためのルールをおさえる

■ 裁量の逸脱と濫用

行政裁量が認められている場合でも、まったく司法審査の対象にならないわけではありません。いくら行政庁に裁量が認められていても、裁量を逸脱したり濫用した場合は、裁判所によって違法と評価されます。ただ、どのような場合に裁量の逸脱・濫用があるのかは、判断が難しいところです。ここでは、その判断の基準について考えてみましょう。

司法審査の対象
国民が裁判所に訴えて、ある事柄が法律に適しているのか判断を受けることを司法審査という。一般に、具体的な当事者間の争いに、法律を適用して解決可能な事柄が、司法審査の対象になる。

■ 実体の審理

まず、裁量を認めている法律や処分そのものを検討して判断します。これを実体の審理といいます。

① 裁量を認めている法律の趣旨や目的に照らして、そこから逸脱している裁量の行使は許されません。ソープランドの出店を阻止する目的で、近所に児童遊園設置を認可することは、行政権の濫用にあたるとした最高裁判所の判例があります。

② いかに裁量が認められていても、国民の権利・自由を不当に制限する場合は、裁量の逸脱・濫用になります。在日外国人の在留許可申請を拒否することが、外国人の権利・自由を不当に制限する場合には、法務大臣の裁量の濫用と評価されることになります。

③ 憲法で認められている法原則や社会通念（社会常識）に反していれば、裁量の逸脱・濫用になります。目的と手段の間にバランスがとれていなければならないにもかかわらず、それがとれていない場合には違法になります。これを比例原則

比例原則
30ページ参照。

行政行為と逸脱・濫用

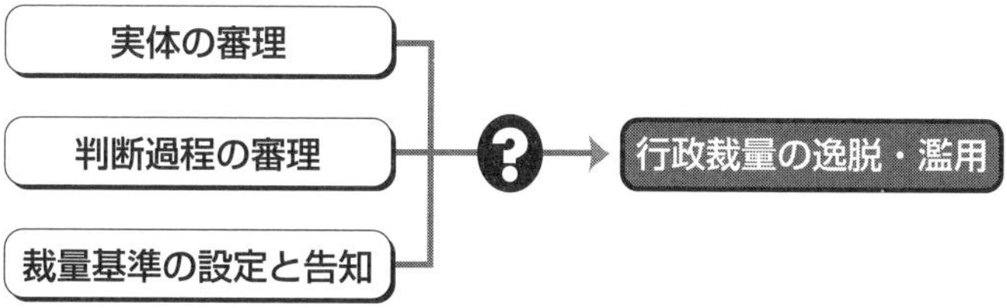

といいます。また、処分を受ける国民の間で不平等な取扱いがあってはいけません（平等原則）。

■ 判断過程の審理

実体の審理は、行為後の結果から逸脱や濫用を判断するものです。ただ、それだけでは審理は不十分なので、裁量の判断過程も審理の対象になります。

たとえば、信仰上の理由から体育の剣道の履修を拒否した公立高校の生徒を、学校長の裁量で原級留置処分（留年させること）・退学処分にした事件で、学校長が剣道以外の代替措置を検討しなかった判断過程を違法とした判例があります。

判断過程に関する適正手続き

具体的な処分の内容等（実体の審理）だけでなく、判断過程の審理が問題になる根拠は、「適正手続きの要請」（憲法31条）であるといわれている。処分等が適正であるとともに、妥当な手続きを経ていることが、憲法上の要請であると考えられている。

■ 裁量基準の設定と告知

裁量基準を設定して告知することによって、裁量の逸脱・濫用を未然に防ぐこともできます。もし裁量基準の設定・告知がない場合には、処分が違法になることも考えられます。

とくに、免許を与える場合のように、多くの申請人の中から少数特定の者を選定するときには、公正を保つために、選定のための具体的な基準を事前に設定し、告知することは裁量の逸脱・濫用の防止になります。

Column

特別権力関係

行政法の基本原則として、「法律の留保」が大原則ですが、例外的に、法律の留保が完全に及ばない行政活動があります。たとえば、公務員の勤務関係や、刑事施設等に収用されている者に関する在監関係、そして、国公立の学校と学生との関係等を挙げることができます。それでは、これらの関係には、どうして法律の留保が及ばなくても許されると考えられているのでしょうか。

これらの法律関係を説明するための理論として、かつて「特別権力関係」という概念が主張されました。この考え方は、法治主義は行政と一般国民との間で形成される一般権力関係についてのみ徹底されるべきもので、行政内部の法律関係である特別権力関係には及ばないと考える立場です。公務員関係、在監関係、国公立学校の学生との関係は、特別権力関係にあたるため、法治主義は徹底されず、法律の留保の原則の例外が認められると説明されていました。特別権力関係の理論の下では、①特別権力関係の下では、包括的な支配権が肯定され、自由な命令権がある、②命令に従わないときは法律の根拠がなくても懲戒を行うことができる、③原則として、特別権力関係の内部関係で行われた措置に関して、裁判所による司法審査の対象にはならない、という3つの考え方が通用していました。

しかし、日本国憲法が施行された後は、徹底した法治主義の考え方が採られるようになりました。したがって、法律の根拠がなくても、権力を行使できる特別権力関係の理論は、そのままでは通用しなくなったわけです。今日では、特別権力関係の理論は克服されたといわれ、包括的に法律の根拠を排除した行政活動は認められないのが原則です。特別権力関係の理論に代わり、司法審査が及ばない事項を説明する理論として、自律的規範をもつ特殊な部分社会であるという部分社会論などが唱えられています。

PART 2

行政の組織

PART2
1

行政の組織

行政上の法律関係の主体

国、地方公共団体など、さまざまな類型がある

■ 行政主体とは

行政主体とは、行政を行う権限・義務を有し、自己の名と責任において行政を行う団体のことをいいます。

営利社団法人である株式会社においては、会社の機関が行った法律行為の効果は、会社に帰属します。たとえば、代表取締役が、会社のために、第三者から土地を購入した場合、土地引渡請求権・代金支払義務は、会社に帰属します。

同様に、たとえば、税務署長の行う国税に関する課税処分の効果は、国に帰属します。課税処分の結果、処分の相手方である国民に納税の義務が生じるとともに、国は、税を受け取る権利を取得するわけです。この場合の国を行政主体、税務署長を行政機関といいます。

■ さまざまな行政主体の類型

では、行政主体は、どのように分類できるのでしょうか。行政主体は、具体的には、①国、②地方公共団体、③独立行政法人、④国立大学法人、⑤特殊法人、⑥認可法人、⑦公共組合、⑧特別な法律によって設立された民間法人に分類できます。

① 国は、全国の統一的な行政活動を行います。

② 地方公共団体には、都道府県、市町村、特別区があります。住民に身近な行政サービスや、地方の特性に応じた行政活動を行います。

③ 独立行政法人には、大学入試センター、都市再生機構、住民金融支援機構などがあります。国民の生活の安定に関わる、

独立行政法人

民間に任せると実施されないおそれがあるが、確実に実施される必要がある事務や事業を扱う団体として設立された法人をいう。独立行政法人通則法などに基づき設立される。

行政処分の効果のイメージ

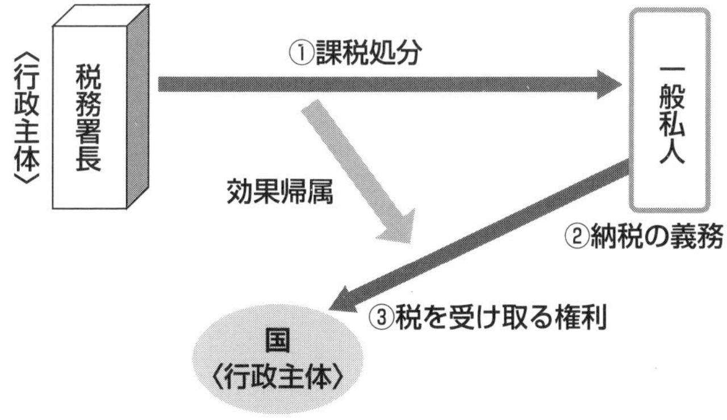

公益性の高い行政を行います。

④　国立大学法人には、東京大学、京都大学などがあります。憲法上、大学の自治が保障されており、大学の自主性・独立性が認められています。他の行政活動とは、区別して取り扱う必要があることから、国立大学法人法が制定されているといえます。

⑤　特殊法人の例としては、日本放送協会（NHK）を挙げることができます。憲法上、報道機関には、報道の自由が保障されていますから、特別な配慮が必要とされます。

⑥　認可法人には、日本銀行、預金保険機構などがあります。公益性の要求される業務であることから、特別な配慮が必要とされます。

⑦　公共組合には、商工会議所や土地区画整理組合などがあります。一定の行政行為を行うことが認められています。

⑧　特別な法人によって設立された民間法人には、たとえば、農林中央金庫があります。

特別な行政主体

・特殊法人
法律に基づき設立される法人のうち、独立行政法人等を除いた法人をいう。新設する際には、総務省の審査を受ける。事業団や公庫という名称が用いられることが多い。
・公共組合
行政事務を担当する公の社団法人をいう。国民健康保険組合などが例として挙げられる。

大学の自治

大学が、国家機関や特定の政治勢力に干渉されることなく、自ら主体的に運営すること。具体的には、大学が、学長・教授の人事・施設の管理・学生の管理・予算の管理などを自主的に行っていくことである。憲法に明文化された規定はないが、学問の自由の制度的保障と考えられている。

PART2
2

国の行政組織

行政の組織

行政につき意思決定をする内閣と、内閣を補佐する府・省・庁・委員会がある

■ 国の行政組織についての規定

国の行政組織については、日本国憲法第５章「内閣」をはじめとして、内閣法、国家行政組織法などの行政組織法によって、詳細に規定されています。まず、日本国憲法65条は「行政権は、内閣に属する」として、内閣を頂点とする行政組織のあり方を定めています。また、国家行政組織法は、「国の行政組織は、内閣の下で系統だって組織する必要がある」と規定しています。

したがって国の行政組織は、内閣をトップとする統一性を持った組織になっています。

憲法65条

議院内閣制の下、国会に対して連帯責任を負う内閣を通じて、行政の民主的統制を実現しようとしている。

国家行政組織法2条

「国家行政組織は、内閣の統括の下に、内閣府の組織とともに、任務及びこれを達成するため必要となる明確な範囲の所掌事務を有する行政機関の全体によつて、系統的に構成されなければならない」と規定している。

■ 内閣

内閣は、法律の定めるところにより、その首長である内閣総理大臣とその他の国務大臣で組織されています。

内閣総理大臣は、国会議員の中から、国会の指名に基づいて、天皇によって任命されます。その他の国務大臣は、内閣総理大臣によって任命されます。ただし、国務大臣の過半数は、国会議員の中から選ばれなければなりません。

内閣の意思決定は、内閣総理大臣の主宰する閣議の決定に基づいて行われます。この閣議の決定は、内閣の一体性を確保するために、全会一致の方法によることが慣例とされています。このように、内閣は、行政の執行に関する意思決定を行い、国の行政機関を統括しています。

内閣が行う行政を補助する機関としては、内閣官房、内閣府、内閣法制局、人事院などがあります。

国の行政組織

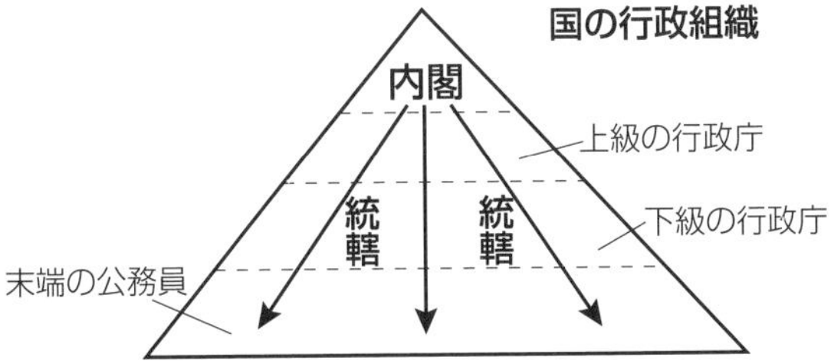

■ 府・省・庁・委員会

日本国憲法の下において行政権が内閣に属するといっても、すべての行政を内閣だけで処理しているわけではありません。国の行政組織には、内閣の統括の下に置かれ、内閣の行う行政を実際に担当している内閣府、省及びその外局としての庁・委員会が設けられています。

①　内閣府

内閣府設置法によって、内閣には、内閣府が置かれています。内閣府は、内閣の重要政策に関する内閣の事務を助けることを任務としています。

②　省

国家行政組織法によると、省は、内閣の統括の下に行政事務をつかさどる機関として置かれるものとされています。現在は、総務省、法務省、外務省、財務省、文部科学省、厚生労働省、農林水産省、経済産業省、国土交通省、環境省、防衛省の11省が設けられています。

③　庁・委員会

国家行政組織法によると、委員会及び庁は、省に、その外局として置かれるものとされています。具体例としては、国税庁や特許庁、中央労働委員会などが挙げられます。

外局である庁

本文に記載されている国税庁の他、スポーツ庁などのように省の外局として設置されているものや、消費者庁などのように、内閣府の外局として設置されているものがある（令和５年４月に設置予定の子ども家庭庁も内閣府の外局と位置付けられている）。なお、宮内庁や検察庁、警察庁、デジタル庁は、庁という名称を用いているが、外局ではないことに注意が必要である。

行政機関

行政主体のために、行政行為を行うことが法律により認められた機関で、行政庁などがある

■ 行政機関とは

行政法の勉強を進めていくと、国・地方自治体にはじまって大臣、審議会などさまざまな主体が登場してきます。行政法はあくまで法律という視点から行政について考える学問なので、これらの主体を法律という視点によって分類してみましょう。

まず、行政活動の主体は、国・地方自治体その他の公共団体です。これを行政主体といいます。行政主体は行政活動を行うために組織をもっています。この組織を**行政組織**といいます。そして、行政組織を構成している基本的な単位を**行政機関**といいます。実際のところは、行政機関が活動することによって、法的効果が発生します。ですから、行政法の勉強では、行政機関の概念が非常に重要になってくるわけです。

■ 行政庁とは

行政機関は重要な概念ですが、行政機関の中でも最も重要な役割をもっているのが行政庁です。行政庁とは、行政主体の意思または判断を決定し、それを対外的に表示する行政機関です。この行政庁の意思が表示されることによって、国民の権利義務に変動が生じることが多いので、行政庁として出てくる登場人物は、みな重要な人物ばかりです。

具体的には、国土交通大臣・厚生労働大臣といった各省庁の大臣・長官、東京都知事・京都市長といった地方自治体の長、また、公正取引委員会・人事委員会などの行政委員会が行政庁にあたります。

さまざまな行政機関

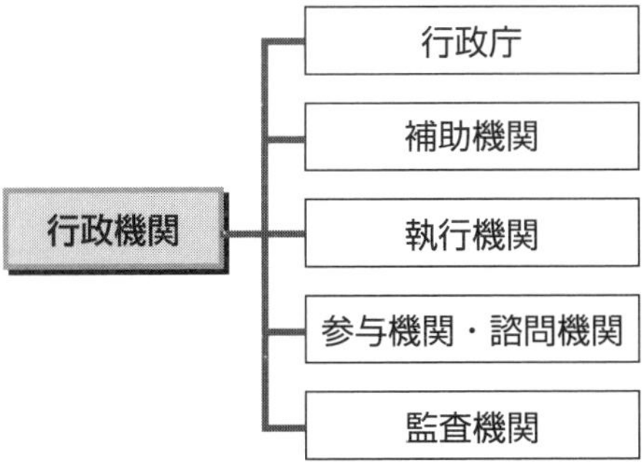

■ 行政庁以外の行政機関

行政庁以外にも、さまざまな活動をする行政機関があります。まず、行政庁を助けて職務を執り行う補助機関があります。各省の副大臣や市の助役などがこれにあたります。

また、実際に国民に対して実力を行使する執行機関があります。警察官や税金を徴収する徴税職員などです。行政庁の意思決定に関与する機関としては、参与機関と諮問機関があります。参与機関は法的な拘束力をもって行政庁の意思決定に関与します。これに対して、諮問機関は法的な拘束力をもたずに行政庁の意思決定に関与します。さらに、他の行政機関を監査する監査機関があります。憲法で定められている会計検査院がその例です。

また、行政機関の中には、複数の人間が集まって合議によって意思決定をする合議制の行政機関があります。憲法に規定されている内閣は内閣総理大臣と国務大臣によって構成されています。行政委員会も合議制です。さまざまな意見を提言する審議会もよく設置されています。審議会の答申に法的な拘束力があるかないかは、審議会を設置した法律を解釈して決定します。

行政委員会
もともとアメリカで発達した制度で、戦後になって日本に採り入れられた。

PART2
4

行政の組織

行政機関の指揮監督

行政の統一性を確保するために行われ、訓令・通達という形式で行われることが多い

■ 行政機関の権限行使

行政が法律に従って行われなければならない、ということは前述しました（法律による行政の原理）。さらに、行政は全体として一体でなければなりません。各部署によってバラバラに活動していたのでは、行政の目的は達成できず、国民の信頼も失ってしまいます。これらの理由から、行政機関の権限行使について、次の２つの原則があります。

① 権限分配の原則

権限は、法律によって分配された行政機関が行使しなければならないとする原則。

② 指揮監督の原則

権限を行使するときには、上級行政機関が下級行政機関に対して指揮監督する権限が与えられているとする原則。

指揮監督権

上級行政機関は下級行政機関に対して、事務の処理方針などを命令・遵守させる権限を持つ。これにより、行政機関全体の意思統一が可能になると考えられている。

■ 指揮監督の手段

指揮監督の原則に従って、上級行政機関が下級行政機関を指揮監督するには、それなりの手段が与えられなければなりません。いくつかの手段が用意されてはいますが、最も必要不可欠な手段が**訓令・通達**です。

訓令とは、上級行政機関が下級行政機関に対して発する命令です。

ただ、口頭で命令するだけでは不十分です。行政でとり行われている事務は日々膨大なものです。しかも、大臣といった行政機関をトップにして、その下にピラミッド型の巨大な階層を

上級行政機関から下級行政機関への指揮監督

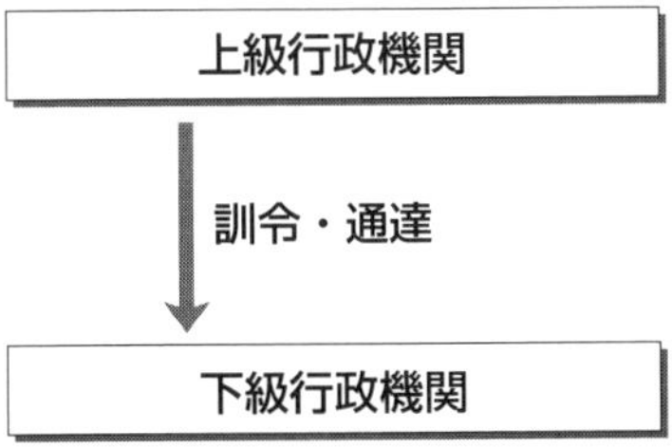

なし、関係している行政機関も多数にのぼります。その中で訓令をすみずみまで効率よく伝えることは、困難だといえるでしょう。それこそ伝言ゲームのように途中で誤解を生じたり、間違った伝達がされる危険性すらあります。

そこで、通常は文書の形式をとって訓令が伝えられることになっています。この文書の形式をとった訓令を通達といいます。

通達は行政の世界では日常的に使われています。行政が法律に従って行われるといっても、すべてを法律で規定しておくことは実際には困難です。そのため、上級行政機関が法律を細かく解釈して、その内容を下級行政機関に通達として伝えることがよく行われています。この傾向は税務行政の分野でとくに顕著です。

■ その他の手段

訓令・通達だけでは有効な指揮監督をすることはできません。その他にも、指揮監督の手段は与えられています。日頃から上級行政機関が下級行政機関の業務を監視したり、下級行政機関がとった措置の取消しや停止を命令したり、上級行政機関自らが取消し・停止を行います。さらに、下級行政機関同士の権限争いを解決することもあります。

訓令・通達
本文中に、上級行政機関の命令一般を訓令、命令を文書にした形式が通達であると記載したが、厳密な区別があるわけではない。とくに、実務上はさまざまな事項が通達として下級行政機関に発せられている。

PART2
5
行政の組織

公務員

現実に行政行為を行う者

■ 公務員とは

国や地方公共団体などの行政主体は、目に見えない観念的な存在です。実際の行政活動は、人によって行われています。公務員とは、一般に国または公共団体の事務を処理する者を指します。

もっとも、すべての公務員の行為の効果が、国や地方公共団体に帰属するわけではありません。法令によって、権限行使が認められた公務員（行政機関）の行為であることが必要です。権限のない公務員が行った行政行為の効果は無効とされます。

■ 公務員の種類

国家公務員は、日本（国）の行政機関や特定独立行政法人に勤務する者のことです。地方公務員とは、地方公共団体や特定地方独立行政法人に勤務する者のことです。その他、任用制度や職務内容の違いから、①特別職公務員と、②一般職公務員とに分けることがあります。

① 特別職公務員とは、おもにその任用手続きにおいて、選挙や議会の同意などの民主的な統制が及んでいる公務員のことをいいます。国会議員、地方議会議員、公正取引委員会の委員、裁判官などが挙げられます。

② 一般職公務員とは、特別職公務員以外の公務員のことです。役所で勤める公務員の多くは、この一般職公務員にあたります。一般職公務員の任用は、試験に基づき、その能力に応じて行われます（能力主義）。

任用

ある者を特定の公務員の職に就ける行為をいう。国家公務員法や地方公務員法では、①採用、②昇任、③降任、④転任という4つの場合を、任用の方法として規定している。

公務員の従うべきルールの体系

- 公務員が従うべきルール
  - 憲法尊重擁護義務
  - 一般の法令遵守義務
  - 国家公務員法上の義務
地方公務員法上の義務
    - 服務の宣誓
    - 上司の職務命令に従う
    - 信用失墜行為の禁止　など

国家公務員法や地方公務員法は一般職公務員に適用される法律で、特別職公務員には適用されません。

■ 公務員が従うべきルールとは

日本国憲法は、公権力を行使する者の権限濫用を防止する目的で制定されました。したがって、公務員は、憲法に従う必要があるのは当然です。憲法は、公務員の憲法尊重擁護義務について規定し、このことを確認しています。

また、他の一般国民と同様に、一般の法令（民法・刑法など）にも従わなければなりません。

さらに、国家公務員法や地方公務員法（公務員法）などの、公務員を対象とする法令にも従うことが必要です。具体的には、服務の宣誓・上司の職務命令に従う義務・信用失墜行為の禁止・職務上知り得た秘密の保持義務・営利企業等の従事制限などの規定があります。争議行為の禁止や、政治的行為の制限については争いがありますが、公務員の職務の公共性や政治的中立性を理由に、これを認めるのが判例の立場です。公務員法には、これらの禁止・制限規定があります。

憲法尊重擁護義務

天皇・摂政をはじめ、国務大臣や国会議員などすべての公務員が、憲法を尊重し、守らなければならないという考え方。憲法99条が定めている。憲法が国家権力を担当する者の権力の行使を制限し、国民の権利を保障することが目的である。

公務の公正・中立性

憲法は、公務員は「全体の奉仕者」であると規定している。民間の労働者とは異なり、公共の利益のために勤労することが期待されており、中立性を確保するために争議行為や政治的行為が制限されている。

PART2
6

公物

行政の組織

公務員とともに、行政組織の構成要素とされており、公用物と公共用物などに分類できる

■ 公物にはさまざまな分類がある

公物とは、国や地方公共団体などの行政主体によって、直接、公の目的で利用される有体物のことを意味します。たとえば、国や地方公共団体の役所の建物や公立学校の校舎、国や地方公共団体によって公の目的で利用されている道路、河川、公園などさまざまなものがあります。公物は、必ずしも、国や地方公共団体の所有する物である必要はなく、私人が所有する物であっても、行政主体がそれを管理し、公の目的で用いられている場合には、その物も公物とされます。

有体物
形のあるもの。

公物には、その利用目的による区別や、公物の成立過程による区別などにより、さまざまな分類がなされています。

① 公共用物と公用物

公物の利用目的に着目した区別として、公共用物と公用物の区別があります。公共用物とは、直接一般公衆の利用のために用いられている公物のことをいいます。たとえば、道路、河川、公園などがこれにあたります。公用物とは、国や地方公共団体の公用のために用いられている物のことをいいます。たとえば、国や地方公共団体の役所の建物や公立学校の校舎などがあります。

② 自然公物と人工公物

公物の成立過程に着目した区別として、自然公物と人工公物の区別があります。自然公物とは、自然の状態で公の用に使うことができる物をいいます。たとえば、河川や湖沼などがあります。人工公物とは、国や地方公共団体などの行政主体が、人の手を加えた上で公の目的で利用することにより公物となる物

公物とは

- 公物
  - 公用物（役所の建物、公立学校の校舎など）
  - 公共用物（道路、河川、公園など）

をいいます。たとえば、道路、役所の建物、公園などがあります。

③　**その他**

所有権の帰属に着目した区別として、国有公物、公有公物、私有公物があります。

■ 公物の使用関係

公共用物の使用関係には、次の３つがあります。

①　**一般使用**

誰でも自由に公物の利用が認められる、公共用物の本来の用途に沿った利用のことをいいます。たとえば、市道を一般人が自由に通行する場合です。

②　**許可使用**

行政庁からの許可に基づき、公物の特別な使用が認められることをいいます。たとえば、許可を得て、デモ行進をする場合です。ただし、デモ行進の自由など、国民の権利・自由を不当に制限する不許可は違法とされます。

③　**特許使用**

特定の人のために特別の使用を許すことをいいます。たとえば、電柱を立てたり、ガス管を埋めたりする場合です。

この他、公用物の使用関係については、目的内使用と目的外使用の区別があります。

国有公物

公物のうち、国が所有権を持つ公物を、国有公物という。

公有公物

公物のうち、地方公共団体が所有権を持つ公物を、公有公物という。

公用物の使用関係

国民が公用物を使用する場合、これを他人に貸し付ける行為や売却など処分することは原則としてできない。つまり、公用物本来の使用方法に従って使用しなければならない（目的内使用）。これに対して、公用物の本来の使用方法を妨げない範囲で、国民が自由に、使用・収益することが認められている。使用・収益にあたって行政の許可が必要であるため、使用許可とも呼ばれている。

PART2

7

行政の組織

権限代行

効果が、権限を委ねた行政機関に帰属するのが代理で、権限を行使した行政機関に帰属するのが委任

■ 権限の代行とは

法治主義によると、行政の権限を行使することができるのは、法律によって権限が分配されている行政機関に限られます。この権限分配の原則については前述しました。ただ、この原則をあまり厳格に貫くと行政の実務は滞ってしまいます。行政機関といっても人間です。海外に出張することもありますし、病気で休むこともあります。また、上級行政機関であればあるほど、こなさなければならない仕事の数が多いので、それらをすべて自分ひとりで処理することは困難だといえます。そのため、行政機関は、法律で与えられた権限の行使を他の機関に委ねることが認められています。これを**権限の代行**といいます。

法治主義

国民の権利・自由の制限は、法に基づいて行われなければならないとする考え方。「法」とは法律を意味し、その内容の正しさは問われない（形式的法治主義）。もっとも、今日では、法の内容の正しさを必要とするため（実質的法治主義）、法の支配との差は小さくなったといわれている。

■ 委任と代理

権限の代行には、委任と代理があります。

委任とは、行政機関がその権限の一部を他の行政機関に譲り、その行政機関の権限として行使させることです。もともと行政機関の権限は、法律によって与えられているものです。ですから、委任には法律の根拠がなければなりません。ただ、いくら法律によって委任が認められていても、権限のすべてを委任してしまうことは許されません。委任された権限は、委任を受けた行政機関の名と責任において行使されます。

代理とは、行政機関の権限の全部または一部を他の行政機関が代わって行使することです。委任と違うところは、①権限自体は移転しないこと、②代理であることが相手方に対して表示

民法上の委任との違い

民法上の委任は、一般に委任者は受任者に対して代理権を与えて、法律行為を委任する契約の一種である。これに対して、行政法上の委任では、権限が受任機関に移るため、代理権は与えられない。

権限の代行の内容

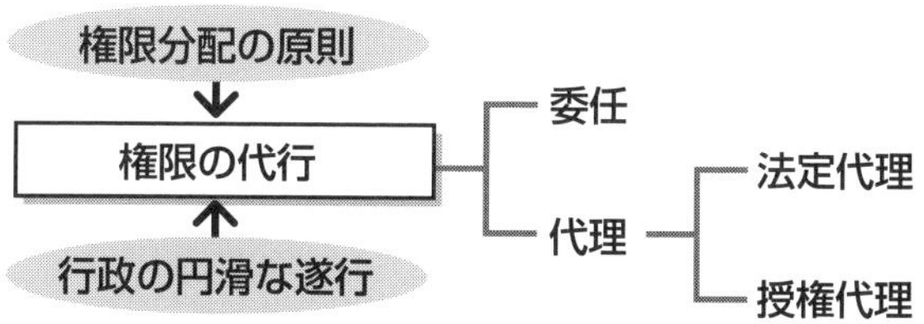

されること、③代理をする行政機関が自己の権限として行使するわけではないこと、④効果が代理権を与えた行政機関に発生すること、です。

代理には２つの種類があります。法律によって定められている要件が満たされると、当然に代理関係が発生する代理を法定代理といいます。また、行政機関の意思によって代理関係が発生する代理を授権代理といいます。授権代理に法律の根拠が必要かどうかについては、学説の間で争いがあります。なお、必要以上の代理は認められません。

法定代理

法定代理は、さらに狭義の法定代理と指定代理の２種類に分類される。狭義の法定代理は、法律の定める要件が満たされれば、当然に代理関係が発生する。これに対して指定代理は、法律が定める要件を満たした際に、代理される機関が、代理機関を指定することによって、代理関係が発生する場合をいう。

■ 専決と代決

行政上の案件について決裁をしなければならないときでも、責任者である行政機関だけでは処理しきれない場合がよくあります。そのような場合に行われるのが専決です。

専決とは、法律によって権限を与えられている行政機関が、その行政活動を補助する機関に対して決裁の権限をまかせることです。専決は実際によく行われていますが、法律の根拠は必要ありません。また、専決は、もともと権限をもっている行政機関の名と責任の下で、権限が行使されます。

なお、行政庁が不在の場合などに一時的に他の行政機関に対して決裁の権限を任せることを代決といいます。

Column

審議会の役割

行政組織の中には、内閣府・省・外局に、担当する事務を分担させるための機関として、附属機関と呼ばれる機関を設置することができます。附属機関の中でも、実際の行政実務が運用されていくにあたり、政策の立案や政策の決定、政策の実行（執行）、という一連のプロセスの中で、とりわけ重要な役割を担っていると考えられている機関に、審議会と呼ばれる機関があります。

審議会は、一般に、学識経験者等により構成される、担当する事務についての調査権限などを持つ合議制の機関です。また、審議会は、不服審査に対する判断を行う場合もあります。審議会の例としては、法制審議会や税制調査会などが挙げられます。とくに重要な審議会の役割として、以下の２点が指摘されています。

①　政策の提言

審議会は調査権限を持ちますが、これは担当する事務について諮問を受けた事柄について、答申という形で、本来その事務を担当する行政機関に対して、審議会の見解が示されることになります。しかし、審議会はこのような、いわば受け身の役割だけでなく、諮問を受けていない場合であっても、自ら審議・建議を行う権限が認められており、重要な政策を提言する役割があるといわれています。政策提言型の審議会の例として、社会保障審議会などが挙げられます。

②　不服審査に対する判断

審議会は、学識者等により構成される機関ですから、担当事務に関して専門・技術的な知識を豊富に持っています。したがって、行政機関よりも、不服審査を扱う機関として適切であると考えられる場合が多いといえます。例として、電波監理審議会などが挙げられます。

PART 3

地方自治法

地方自治の原理

地方政治は住民の意思を尊重して地方公共団体が運営する

■ 地方自治の本旨とは

わが国では、地方分権の名の下で、地方に国と同様の行政組織が整えられ、行政事務が処理されています。このように、地方行政をその地方に住む者が主体的に行うという考え方を**地方自治**といいます。憲法も地方自治を保障しているといわれています。憲法は「地方自治の本旨」と規定していますが、これは一体何を意味しているのでしょうか。

地方自治の本旨は、一般に「住民自治」と「団体自治」という２つの要素から成立していると考えられています。大まかにまとめると「地方自治の本旨」とは、地方公共団体がどのような組織を作り、どのような形で組織を運営していくのかに関しては、地方公共団体自身が自由に決定する権限を持つことであるといえます。

■ 住民自治とは

住民自治とは、地方の事務に関して、国の指揮・監督を受けずに、その地域の住民の意思を尊重して、その地域に住む者が責任をもって処理するべきであるという原則をいいます。

そこで本来は、たとえば多数決等によって、その地域に住む者全員の意見を聴き、行政事務を行う、いわゆる直接民主制に基づく政治が理想的です。

しかし、多種多様な住民の意見を集約することは難しく、また、すべての者が参加しなければならないのでは、あまりにも住民の負担が大きく、地方自治が停滞するおそれがあります。

直接民主制
主権者である国民が、代表者を介することなく直接に、立法を含めた政治権力を行使する民主主義の制度。わが国をはじめ、ほとんどの国が、国民が自ら選任した代表者を通じて間接的に政治に関与する「間接民主制」（代表民主制）を原則として採用している。ただし、例外的に直接民主制による、国民の直接的な政治関与が認められている場合がある。地方レベルにおいては、地方公共団体での住民の直接請求や住民監査請求などの制度が設けられている。

地方自治の本旨

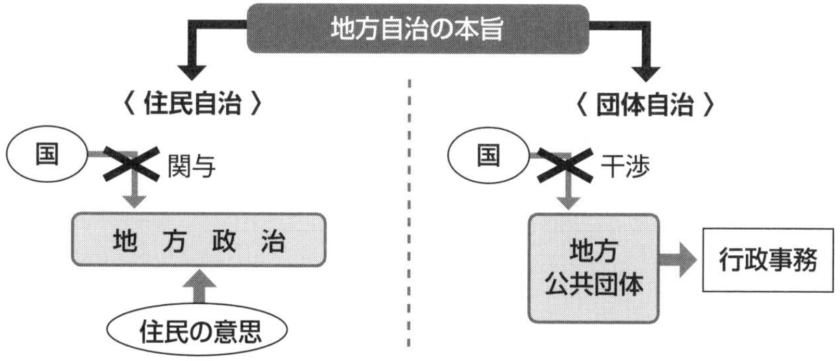

そこで地方自治においても、国政と同様に、代表者を選出して政治を行うという間接民主制が採られています。

住民自治についての憲法上の規定

憲法93条2項は、地方公共団体の長、地方議会の議員について、その地方公共団体の住民が直接選挙によって選任されると規定しており、間接民主制に基づく住民自治を保障していると考えられている。

■ 団体自治とは

団体自治とは、国家から独立して存在する団体によって、その団体に関する事務を処理するべきであるという原則をいいます。住民自治に比べて、対国家を意識し、国の干渉を受けずに、地方が独立した組織をもって、行政事務を執り行うべきであるという考え方が重視されています。

団体自治の根拠に関して学説上争いがありますが、憲法が制度として地方自治を保障していることに根拠を求める見解が有力になっています。この見解によると、憲法が団体自治を保障していることの意味はおもに2つあるといわれています。1つは地方公共団体が事務を処理するにあたって、個別の法律の規定がなくても権限を行使することができることであり、もう1つは、憲法が制度として保障している団体自治は、法律によって侵害することは許されないことであると考えられています。

PART3
2

地方公共団体

地方自治法

普通地方公共団体と特別地方公共団体の区別がある

■ 普通地方公共団体と特別地方公共団体

地方自治の主体である地方公共団体は、一定の区域とそこに住む住民により構成されますが、地方自治法は、地方公共団体ついて、普通地方公共団体と特別地方公共団体に分類しています。普通地方公共団体には、都道府県と市町村が含まれ、特別地方公共団体には、特別区、地方公共団体の組合、財産区があります。地方公共団体は、独立した組織を作り、国との間に権利義務関係を結ぶことができる存在です。

■ 都道府県と市町村

普通地方公共団体に含まれる都道府県と市町村の関係はどのようになっているのでしょうか。

一般に、都道府県は市町村よりも広範な概念であるといわれており、市町村を包括する組織であると考えられています。したがって、ある市町村の住民はその市町村の住民であると同時に、市町村が属する都道府県の住民です。地方自治法は処理する事務を分類しています。要約すると、市町村は基本的な自治体として、広く住民にとって必要な行政事務を執り行います。

これに対して都道府県は、事務の内容が複数の市町村にわたるものや、市町村が行うことが適切ではないと考えられる事務に関して、処理することが求められています。もっとも、都道府県と市町村の関係は、上下関係にあるのではなく対等・協力関係にあります。つまり、広域自治体としての都道府県と、基礎的自治体の市町村がお互いに協力し合って、地方行政を運営

行政事務

地方公共団体に認められた、行政を運営していく上で必要になる権力的な事務をいうと考えられている。現在、行政事務は自治事務と法定受託事務に分類されている。

地方公共団体のしくみ

- 地方公共団体
  - 普通地方公共団体
    - 都道府県
    - 市町村
  - 特別地方公共団体
    - 特別区
    - 地方公共団体の組合
    - 財産区

していくことが求められているといえます。

■ 特別地方公共団体の種類

特別地方公共団体に含まれる団体は、それぞれが持つ機能や性質が異なります。

① 特別区

特別区とは、東京都の23区を指します。特別区は、市町村に類似していて、独立した行政組織を持ち、東京都とお互いに協力して事務を処理しています。

② 地方公共団体の組合

一般に、広範囲にわたる事務を共同で処理するために、複数の地方公共団体により形成される組合です。①普通地方公共団体が、ごみの処理や病院等の事務の一部を共同で処理するために作られる一部事務組合と、②廃棄物処理や環境汚染対策などで、広範囲にわたって統一的に処理すべき場合に作られる広域連合があります。

③ 財産区

市町村と特別区の一部が、財産や施設の管理等を行うために認められた特別地方公共団体です。財産等の管理や処分を行う権限に特化しているという特徴があり、山林や温泉などで実用例があります。

地方開発事業団

かつては、特別地方公共団体の一種に、地方開発事業団という団体が含まれていた。しかし、実績が少なかったことから、平成23年の地方自治法改正により廃止され、新設することはできない。

PART3
3

地方公共団体の事務

地方自治法

自治事務と法定受託事務を処理する

■ 自治事務とは

地方公共団体の事務について、かつては機関委任事務という分類がありましたが、これは地方公共団体をいわば国の手足に過ぎないものとして扱うために、地方自治の考え方に反すると批判されました。現在では機関委任事務は廃止され、新たに自治事務と法定受託事務という分類が行われています。

自治事務に関して地方自治法は、「法定受託事務以外のもの」とのみ規定しています。したがって、自治事務にあたるかどうかは、法定受託事務にあたるか否かを判断する必要がありますが、一般に、その地方・地域において処理することが求められる事務を指し、地方公共団体の自主的な判断が尊重され、国の指揮や監督が基本的に制限されるという特徴があります。

機関委任事務

行政事務について、かつて地方自治法は、団体事務（現在の自治事務）と機関委任事務という区別を行っていた。他の機関から委任された事務を機関委任事務と呼び、国の事務、他の地方公共団体の事務を行わせることができた。

■ 法定受託事務とは

地方自治法は、法定受託事務を１号法定受託事務と２号法定受託事務に分類しています。地方自治法２条９項１号、同２号に規定が置かれているために、このように呼ばれています。

１号法定受託事務は、本来は国が処理する事務について、法律等により地方公共団体が処理すると定められたものですが、とくに国が適切に処理されることを確保する必要がある事務を指します。地方公共団体の事務として配分されていますが、事務の重要性を考慮して、確実に処理される必要があるために、国が一定程度関与することが認められる点で、自治事務とは性質が異なります。これに対して２号法定受託事務とは、本来は

地方公共団体の事務

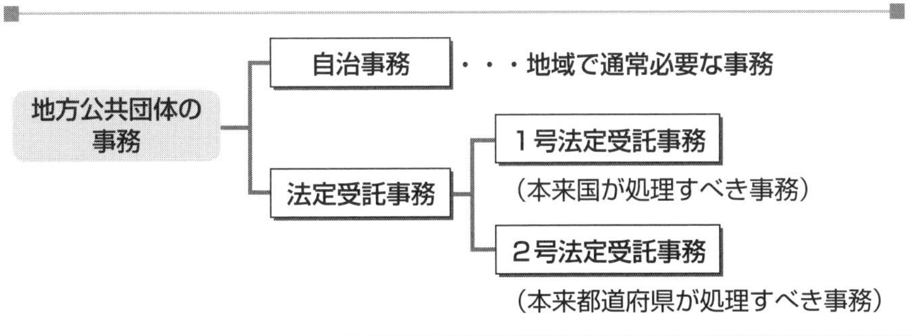

都道府県が処理する事務について、１号法定受託事務と同様に、法律等により市町村や特別区が処理すると定められたものですが、とくに都道府県が適切に処理されることを確保する必要がある事務をいいます。戸籍事務や旅券事務などが法定受託事務の例ですが、一般に、全国的に統一して処理すべき事務や、広く住民の健康等に関する事柄や、災害等に関する事務などが法定受託事務とされることが多いといわれています。

■ 地方公共団体の権能

地方公共団体は、行政事務の処理以外にもさまざまな権限を行使することができます。代表的な権限は以下の通りです。

①　自主組織権

地方公共団体は、自らの組織をどのように形成するのか自由に決定する権限を持っています。

②　自主行政権

地方公共団体は原則として、処理する行政事務の範囲を自由に決定し、その事務を処理することができます。

③　自主財政権

地方公共団体は、必要な財源を確保するために、課税等を行うことができます。これに基づき地方税が課税されています。

地方交付税と国庫補助負担金

地方公共団体が自らまかなう財源ではないが、国が交付した金銭を、地方の財源として用いることができる。このうち、使途が決まっていない金銭を地方交付税と呼び、使途が決定されている特定財源を国庫補助負担金という。

PART3
4

地方自治法

地方公共団体の組織

地方公共団体は、議会と長が独立の首長制を採っている

■ 組織はどうなっているのか

地方公共団体の組織に関して、憲法はわずかな規定を置いています。ここから議事機関としての地方議会を設置しなければならないこと、および、地方公共団体の長と地方議員は、住民による直接選挙で選任しなければならないことが明らかです。

そこで、地方公共団体の組織については、議会と長の二元主義が採られていると考えられています。国家組織としても、わが国は、議会としての国会と、行政の長としての内閣総理大臣とが置かれていますが、地方公共団体の組織における議会と長との関係と同様に考えてよいのでしょうか。

国会と内閣との関係は、議院内閣制を採っています。つまり、内閣は国会に対して連帯して責任を負うという構造が採られており、内閣総理大臣をはじめ国務大臣の過半数は、国会議員の中から選任されるしくみになっています。これに対して、地方公共団体においては、地方議会の議員、及び、地方公共団体の長は、それぞれが住民による直接選挙により選任されるしくみを採っているために、議院内閣制とは性質が異なると考えられています。

このように、議決機関としての議会と、執行機関としての長が直接選挙され、それぞれが独立して住民に対して責任を負担するしくみを、首長制と呼んでいます。議院内閣制と対比する概念として、性質が全く同一ではありませんが、アメリカにおける大統領制に近い制度を採用しています。

大統領制

議会と政府が完全に分離され、政府の長である大統領が、国民により直接選任される制度。わが国の地方自治は、大統領制に近いが、議会が長の不信任決議権を持っている点で、大統領制とは異なるといわれている。

首長制と議院内閣制

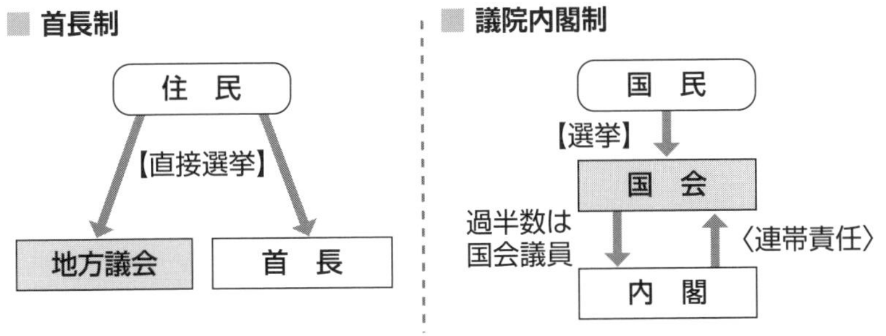

■ 議会の位置付け

地方自治法は、地方議会のしくみとして一院制を採用しています。この点についても国会は、衆議院と参議院とから成る二院制を採用しており、構造が異なっていることがわかります。

地方議会の議員選挙の選挙権に関して、日本国民である20歳以上の者で、引き続き３か月以上市町村の区域内に住所を持つ者が、選挙人としての地位を持つと規定しています。そして、被選挙権は、選挙権を持つ者のうち、年齢が25歳以上の者でなければならないと規定されています。

地方議会の本会議には、定例会と臨時会とがあります。そして、議員の中から議長及び副議長を各１名ずつ選任しなければなりません。また、地方議会には委員会を置くことができます。委員会は条例によって設置することができ、常任委員会、議会運営委員会、そして特別委員会を設置することができます。

そして地方議会の解散には、①地方公共団体の長による解散、②住民による解散請求に基づく解散、③自主解散があります。

■ 議会の権限

地方議会が持つ権限にはさまざまなものがあります。主要な権限としては、①議決権、②検査権、③調査権、④不信任決議等がありますが、その他にも、選挙、意見書の提出権、会議規則の制定権、請願の受理、議員の懲罰等を挙げることができます。以下、主要な権限に関して詳しく見て行きましょう。

請願

国や地方公共団体に対して、国民または住民が、政治的な意思を表明して、意見や要望、苦情を伝えること。

①　議決権

地方議会が議決しなければならない事項（必要的議決事項）は、重要な事項に限定されているということができます。たとえば、条例の制定・改廃、予算を定めること、決算の認定などが必要的議決事項であると、地方自治法に規定されています。

②　検査権・監査請求権

検査権とは、地方公共団体の事務に関する書類や、計算書の閲覧、長や委員会の報告により事務の管理・執行、出納の検査などを行うことをいいます。これに対して、監査請求権とは、監査委員に対して、担当する事務についての監査報告を求めることができる権限のことをいいます。

③　調査権

国会の議院の権能として認められている国政調査権に該当する非常に強大な調査権が、地方議会に与えられています。具体的には、事務に関する調査、選挙人などの関係人に対する出頭・証言・記録の提出を請求することができます。

国政調査権

わが国の衆議院および参議院に認められた、国の政治に対する調査権をいう。具体的な方法として、証人の出頭を求め、証言や記録の提出などを求めることが許されている。

④　不信任決議

地方議会は、地方公共団体の長に対して、不信任決議を提出・可決することができます。これは、国の国会（衆議院）に認められている内閣不信任案決議に対応する制度です。地方議会議員の３分の２以上が出席し、その４分の３以上の同意により可決します。なお、不信任決議を受けた長は、地方議会を解散することができますが、解散後はじめての地方議会で議員の出席議員の３分の２以上が出席し、過半数の同意を得ることができれば、不信任案決議を可決させることができます。

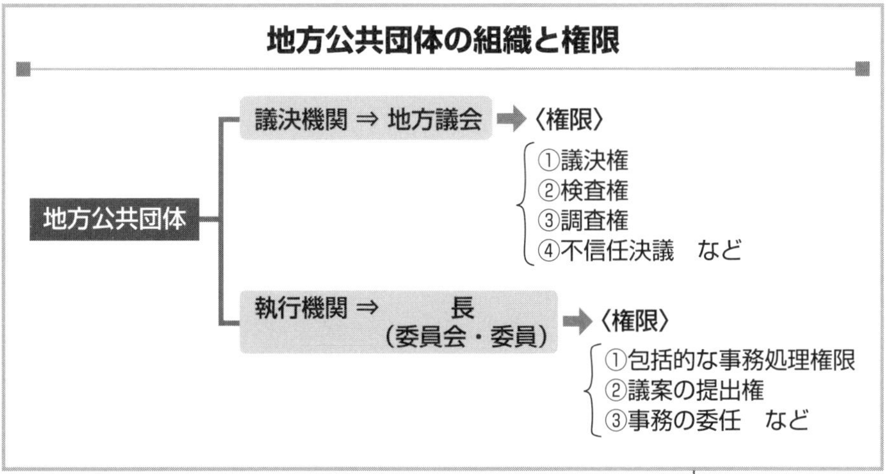

■ 執行機関の種類

地方の行政事務を担当するのはどんな人物なのでしょうか。執行機関は、一般に、長、あるいは委員会または委員により構成されています。

①　長

地方公共団体の長は、包括的な事務処理権限を持ちます。また、議案の提出権や、たとえば都道府県知事が、都道府県の事務の一部を市町村に任せるという、事務の委任を行うことができます。なお、地方議会との関係において、一般的拒否権や特別の拒否権という特別の権限が認められています。

都道府県知事は30歳以上の者が被選挙権を持ち、市町村長に関しては、25歳以上の者が選挙権を持っています。

②　委員会または委員

地方公共団体に置かれる委員会は、その性質に応じて、独立性が必要な委員会、専門・技術的な知識が必要な委員会などがあります。独立性の高い委員会には、選挙管理委員会などが挙げられ、専門技術的見地に基づく収用委員会などがあります。

委員会のうち、監査委員は独任制の機関です。

一般的拒否権と特別拒否権

①一般的拒否権
地方議会における条例の制定改廃、または予算に関する決議について、長が異議を申し立て、再議させることができる権利をいう。
②特別拒否権
地方議会の議決または選挙が、権限や法令に違反するときに、再議または再選挙させることができる権利をいう。

独任制

1人の者から構成される機関を独任制の機関という。これに対して、教育委員会や収用委員会など、複数の者から構成される機関を合議制の機関という。

PART3
5

地方公共団体が定める条例

地方自治法

地方議会は自主立法権として条例を制定できる

■ 条例とは

地方公共団体の議会は、**条例**と呼ばれる規範を制定することができます。条例制定権を憲法も保障しており、条例は法的拘束力を持つ地方自治の法源のひとつです。国会が定める法律に類似した規律を制定することができるため、地方公共団体は自主立法権を持つといわれることもあります。

■ 条例の種類

条例には、法律の委任に基づく委任条例と呼ばれるものがあります。おもに、公共施設の設置基準や、法律が定める事柄に関する細目を規定する条例が、委任条例にあたります。したがって委任条例は、基本となる法律の存在が前提であり、憲法が「法律の範囲内」で条例の制定権を認めていることと整合性がとれています。

また、「法律の範囲内」とは、「法律に反しない範囲で」と解釈することができることから、法律の委任を受けずに地方公共団体が固有の事項について条例で規定する自主条例を制定することも認められると考えられています。

条例制定権の根拠

本文中にも記載した通り、憲法94条は、「法律の範囲内」で条例を制定することを認めている。あわせて、地方自治法14条1項が、地域における事務について法令に違反しない限り条例を制定できると規定している。ここでいう事務には、自治事務および法定受託事務の両方が含まれると考えられている。

■ 法律と条例との関係

とくに問題になるのが法律と条例との関係です。法律と条例の規定する内容が異なる場合の条例の効力が問題になります。

一般にわが国の判例や通説的見解は、法律と条例で規制する対象が重複する場合であっても、法律と異なる目的で条例を制

法律と条例の関係

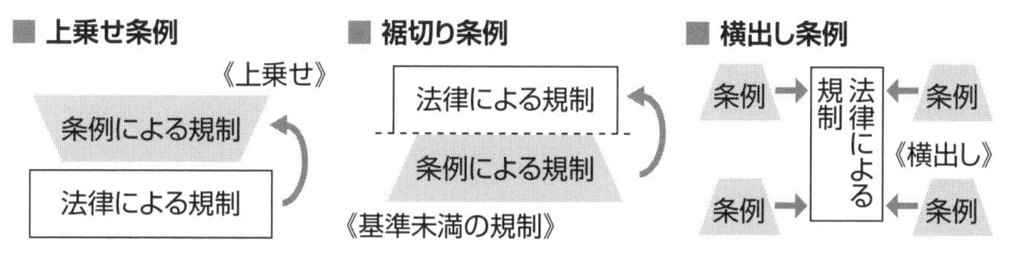

定することは許されると考えています。そして、条例の規制内容が法律の内容と異なる場合も、その条例が法律等の目的や効果をあえて妨害する趣旨でなければ、認められると考えられています。とくに問題になる条例に関して見ていきましょう。

①　上乗せ条例

上乗せ条例とは、国の法律等と同一目的で制定された条例について、条例で法律等より厳しい規制を設けた場合をいいます。この場合、法律等の規制が規制の最大限度を定めたものではなく、必要最小限度を定めたにすぎないといえる場合には、条例は法律に反しないとして、許されると考えられています。

②　裾切り条例

裾切り条例は、法律等が規制の対象外にすると定めた事項に関して条例で規制を設けた場合をいいます。この場合も、法律が規制の最小限度を定めたといえるかどうか、そして、その条例がとくに地域の特性などを考慮して、必要な規制であるといえる場合には、許されると考えられています。

③　横出し条例

横出し条例は、法律等が規制していない事項を条例で規制する場合をいいます。この場合は、法律等があえてその事項を規制していないといえる場合でなければ、法律に反しないものとして認められると考えられています。

法律の先占論

条例と法律の関係について、かつての学説は、法律の先占論という考え方が有力であった。つまり、法律が規制の対象にしている事項について（先占領域）は、同一目的の条例を制定することはできないと考えられてきた。しかし、今日では、地域の実情に応じた規制の必要性から、法律の先占論は支持を失っている。

地方公共団体の住民

住民は直接請求により政治に対する要望を伝える

■ 住民ができること

地方自治の理想を実現するためには、本来はすべての住民による政治の実現が可能である直接民主制が好ましいといえます。しかし、現実的には直接民主制を採ることは困難であり、地方政治においても、代表者による間接民主制が採用されていることは、前述した通りです。

まず、間接民主制を採用していることから、住民は地方公共団体の長や、地方議会の議員を選ぶ選挙権を持ちます。とくに地方公共団体においては、国でいう内閣総理大臣にあたる長についても、住民が直接選任することができるという特徴があります。

もっとも、あくまでも地方自治の原則形態は、住民自身の手による政治ですので、実際に行われている地方政治に対して、住民がチェックを行い、また、何らかの形で参加する制度を整えておく必要があります。そこで地方自治法は、直接民主主義の要素を採り入れた制度を用意しています。

たとえば、財務会計上の行為に限定されますが、住民は適切ではないと考えられる公金の支出等について、地方公共団体に設置されている監査委員に対して、監査を請求することができます。なお、監査請求を経ても、適切な措置が採られていないと考える場合には、住民は住民訴訟を提起できます。

■ 直接請求とは

最も重要な住民の権利が直接請求権です。間接民主制が持つ欠点を補い、住民が地方政治に対して十分なチェックと政治参

住民投票

住民の意思決定の方法として、選挙による住民投票制度がある。憲法は、特定の地方自治体を対象に、特別法を制定する際の住民の是非を問う住民投票について規定している。その他にも地方自治法や地方条例により住民投票制度が規定されている。なお、2015年5月及び2020年11月に実施された大阪都構想をめぐる住民投票は、大都市地域特別区設置法が根拠になって行われた住民投票である。

住民訴訟

住民が地方公共団体の違法な財政行為の是正を目的に提起できる訴えをいう。地方自治法は、住民訴訟の類型として、執行機関または職員に対する違法行為の全部または一部の差止めや、違法行為の取消しまたは無効の確認など４種類を規定している。

直接請求権

請求の内容	請求の相手方	必要な署名数【原則】
条例の制定・改廃請求	地方公共団体の長	選挙権を持つ住民の総数の1／50以上
事務監査請求	監査委員	
議会の解散請求	選挙管理委員会 （副知事等の解職請求は長に行う）	選挙権を持つ住民の総数の1／3以上
解職請求		

加を可能にする制度として、直接請求が認められています。地方公共団体に対する住民の要望を、直接的に伝える手段として、とても重要な権利だといえます。どんな請求を行うことができるのでしょうか。おもな事柄を見ていきましょう。

①　条例の制定改廃請求

住民は、一定の署名を集めることにより、地方公共団体の長に対して、条例を制定し、または、すでに存在する条例の改廃を要求することができます。

②　事務監査請求

条例の制定改廃請求と同様の手続きで、監査委員に対して、地方公共団体の事務に関して、監査を求めることができます。

③　議会の解散請求

住民は、規定された署名を集めて、地方議会の解散を請求することもできます。

④　解職請求

議会の解散請求と同様の手続きで、地方議会の議員または、地方公共団体の長に対する解職を求めることができます。一般に、リコールを認めた権利として重要な権利であると考えられています。

直接民主制と直接請求

直接民主制の具体的な制度として、一般にリコール（解職請求）、イニシアティブ（住民発案）、レファレンダム（住民投票）の3つの制度が挙げられる。直接請求は、リコールやイニシアティブにあたるような、解職請求権や条例の制定改廃請求権を認めているために、直接民主制的な制度であるといわれている。

リコールと解職請求

わが国の地方自治法は、リコール制度として、住民に解職請求権を認めている（地方自治法13条、80～88条参照）。

Column

指定都市・中核市

普通地方公共団体には、都道府県と市町村があることはＰＡＲＴ３－２で解説した通りです。ここでは、市制度の特例に関して見ていきましょう。

① 指定都市

市制度の特例のひとつとして、まず指定都市を挙げることができます。一般には、政令指定都市、または、政令市とも呼ばれています。地方自治法は、指定都市について、政令で指定する人口50万人以上の市であると規定しています。現在20の都市が指定都市として認められています。指定都市であると認められると、以下のような特別の権限が認められます。

・都道府県が担当する事務の一部について、指定都市が担当することができます。これは事務配分の特例と呼ばれています。

・本来市町村が行うためには、都道府県が許認可を与えなければならない事務が存在します。たとえば、身体障害者社会参加支援施設の事業の停止または廃止などを挙げることができます。もっとも、指定都市が、これらの事務を処理するにあたって、都道府県の知事の許認可を得る必要がない場合であっても、その事務を所管する省の大臣の命令を受けなければならないと規定されていることがあります。

・指定都市は、担当事務を分担させるために、区を設けることが認められています。ただしここで設置する区は、特別区（東京23区）とは異なることに注意が必要です。

② 中核市

市制度の特例のもう一方は中核市です。かつて特例市と呼ばれる制度も存在しましたが、現在では廃止され、中核市に統一されています。中核市は、政令で定める人口20万人以上の市を指します。①の指定都市が担当する事務のうち、政令でとくに定める事務を処理します。

PART 4

行政活動の形式

行政機関の規範定立

円滑な行政活動のために行政機関が規範を定める

■ 行政機関が制定する規範

憲法41条によると、国民の権利義務を制約する規範は、国会だけが制定できることになっています。これを国会中心立法の原則といいます。たとえば、国民が自分の住む家を建てたり、お店を開く場合の制約を定める建築基準法や風俗営業法は国会によって制定されたものです。

ただ、この原則をそのまま厳格に貫くことは実際上困難です。法律の規定というものは多かれ少なかれ抽象的になります。法律を適用して執行するのは行政の役割ですが、さまざまなケースのある行政の現場で法律を執行するときに、そのままでは行政活動を実行することは難しいでしょう。しかし、細かい点まですべてを国会が定めることは時間的にも無理ですし、専門技術的な事柄についてはむしろ行政に委ねた方がよい場合もあります。そこで、行政機関が規範を定めることが考えられるわけです。

行政機関が定める規範には大きく分けて、法規命令と行政規則の２つがあります。

国会中心立法の原則

本文中にも記載がある通り、法律は国会だけが制定できる（国会中心立法の原則）。これと、法律の制定にあたって、他の機関の干渉を受けないという、国会単独立法の原則をあわせて、憲法41条は国会を「唯一の立法機関」であると規定していると考えられている。

■ 法規命令とは

法規命令とは、国民の権利義務に関する内容を含む命令です。国会中心立法の原則によると、国民の権利義務に関する法規は国会だけが制定できるはずです。ただ、国会が法律を定めて、その中で行政機関に規範を制定する権限を委任しているのであれば、実質的には国会が制定したものといえます。そこで、法律の委任があれば、行政機関も法規を制定できると考えられて

行政機関と規範

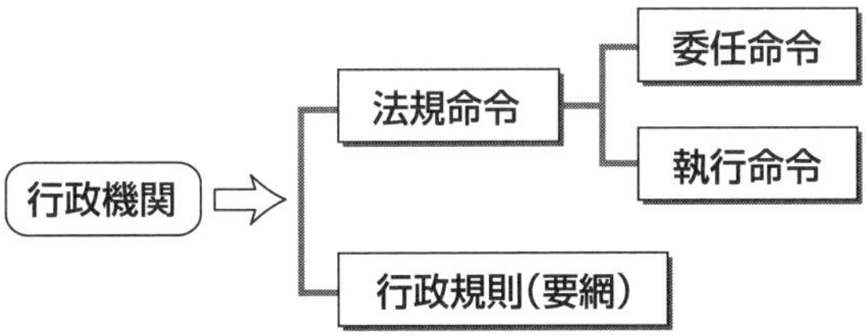

います。法規命令には、委任命令と執行命令があります。

委任命令とは、新たに国民に権利義務を創設する命令です。執行命令とは、より上位にある法令を執行するために、その内容をより細かく規定する命令です。委任命令も執行命令も法的な拘束力があります。法規命令は国民の権利義務に関わるので、政令・省令といった正式な命令の形式をとる必要があります。

■ 行政規則とは

行政規則とは、国民の権利義務に関する内容を含まない命令のことをいいます。行政規則は、国民の権利義務に直接関わらないか、行政内部の事項について規定していますから、国会中心立法の原則に照らしても法律の委任は必要ありません。また、政令のように正式な命令の形式をとる必要もありません。そして、法規命令のように法的な拘束力はありません。

ただ、行政規則は、よく要綱という形をとって行政内部で定められています。国・地方自治体はこの要綱に基づいて、建築や宅地開発の指導を行っています。そのため、要綱行政という言葉があるくらいです。要綱は実際のところ、国民の権利義務に対してかなりの影響力をもっているので、法律の委任が必要なのではないかといった点が問題とされています。

要綱

指導要綱とも呼ばれ、地方公共団体が作成する行政指導を行う際の指針をいう。たとえば宅地開発指導要綱等において、開発業者に開発負担金などを納めることを指導してきた。これにより、望ましくない宅地の開発を、行政処分を用いずに抑制する効果があると考えられている。

■ 訓令・通達とは

訓令とは、上級行政機関が下級行政機関を指揮監督するために発する命令のことをいいます。行政規則の一種です。この訓令が書面によりなされる場合を通達といいます。

訓令
44ページ参照。

たとえば、上級行政機関が下級行政機関に、法令の解釈・運用方法を伝える場合、この通達という方法で行われます。

通達は法規の性質を有さないので、国民及び裁判所を拘束しません。憲法は、行政権を司る内閣に、一体性を要求しており(66条３項)、統一的な行政活動が行われることを期待しています。したがって、複雑かつ膨大な行政活動に統一性を確保するため、訓令・通達は必要なものといえます。

しかし、訓令・通達は、国民の権利・自由に対する法的拘束力を有しませんが、事実上、重大な影響を及ぼすことが考えられます。たとえば、国が従来の解釈を変更して、これまで課税対象ではなかった物を、新たに課税の対象にする場合などです。

この点、判例は行政機関が従来の解釈を変更し、通達によりパチンコ球遊器に課税した事案において、課税が通達をきっかけに行われても、通達の内容が法の正しい解釈に基づくものであれば、その課税処分は、法の根拠に基づく処分と解することができる、としました。

通達課税
本文中の判例でも問題になったように、通達をきっかけに行われる課税は、「通達課税」と呼ばれている。判例の事案は、通達課税ではなく法律による課税であると判断されたが、国民の権利義務に大きな影響を与える課税行政が、法律の根拠が不要である通達に基づき、行政の恣意的に行われるおそれがある。

現代において、通達のもつ機能の重大性を考えれば、行政機関は、国民の権利・自由に対する不当な制約とならないように、慎重に通達を発することが必要だといえます。

■ 行政機関の規範定立に対して不服を申し立てることは可能か

たとえば、行政機関が、ある法規命令を制定した場合に、国民は、その法規命令の内容が違法であるとして、不服を申し立てることはできるのでしょうか。

まず、国民が、行政上の苦情処理の制度を利用し、行政機関に不服を申し立てることはできます。ただ、この方法には法的

行政規則の外部化現象

行政規則に対して訴訟で争うことはできるか？
（例）違法と思われる通達

原則：NO

⇒ 処分性（訴訟要件のひとつ）の要件を満たさない

例外：YESになる可能性

行政規則の外部化現象
- ① 国民の権利・義務と関連性がある
- ② 行政規則の効果が外部におよび実際に国民の権利・義務に変動がある
- ③ 行政規則について争う他の手段がない

な拘束力がないので、実効性に疑問があります。

■ 行政規則の外部化現象とは

行政規則は国民の権利・義務に関する内容を含まない内容の命令です。

しかし、福祉国家理念の下、多種多様な行政活動が行われる現代社会においては、行政規則が国民の権利・自由に対し、事実上重大な影響を与える場合が増えてきました。このことを行政規則の外部化現象といいます。

行政機関の定める要綱や通達は、この行政規則の外部化現象の典型例といえます。

このような状況下では、行政規則による事実上の影響から、国民の権利・自由を保護する必要があります。

そこで、行政規則の制定に法律の委任を要求したり、訴訟要件（処分性）を緩やかに解釈し、裁判所による救済の途を確保するなどの方法が、積極的に考えられています。

行政規則の外部化現象

行政規則は原則として、行政の内部的行為にあたり、国民に対して直接効果を及ぼすことはないと考えられていた。しかし、行政規則の外部化現象により、国民の権利義務に関わる行政規則については、単なる内部的行為にとどまるとはいえない。そこで、行政規則の外部化現象を根拠に、行政規則について裁判で争う方法等の解釈が行われるようになっている。

行政行為

一方的に国民の権利・義務に直接影響を与える行為をいう

■ 行政行為とはどんな行為なのか

行政法学は法律学ですが、そのおもな対象は行政と国民との間の法律関係です。一般の国民同士の間で法律効果が発生する場合として、法律行為が挙げられます。法律行為とは、当事者が意欲したところに従い、法律的な効果を発生させる行為です。

もっともわかりやすい例としては、契約が挙げられます。当事者が物の売り買いをしたいと思って、売買契約を締結することによって、物の所有権が移転し、代金を支払う義務が発生するわけです。行政の世界でも、この法律行為に類似した行為があって、そのために行政上の法律効果が発生するはずです。そこで、行政法の領域では**行政行為**という概念を定めて、研究の対象にしています。

ここでいう行政行為とは、行政機関が公権力の行使として対外的（行政機関内部に対してではなく国民に対して）に具体的な規律を加える法律行為です。たとえば、自動車免許の取得を申請した国民に対して行政庁が免許を与える行為が、行政行為の典型例といえるでしょう。

■ 行政行為の特質

行政行為には、国民同士の間で交わされる契約などとは異なった特質がいくつかあります。

①　行政機関の行為である

行政行為は行政機関が行う行為です。ですから、国会や裁判所の行為は原則として行政行為には含まれません。

行政行為とは

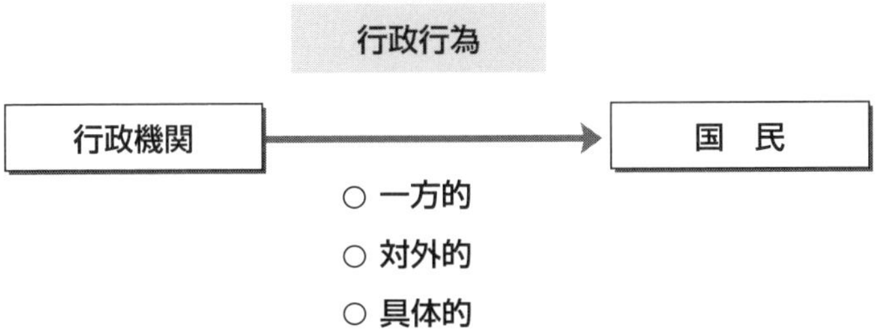

② 公権力の行使である

契約のように、当事者が自由な意思によって締結することで、効果が発生するわけではありません。いちいち相手方の自由な意思による承諾を待っていたのでは、行政の目的は達成することはできません。ですから、一方的に効果を発生させることが必要になるわけです。したがって、行政行為の相手方になる私人は、同意していなくても自分の権利義務関係が変動します。ただ、後述する行政契約は、行政と国民の間で契約を締結することによって行政の目的を達成しますが、行政行為と行政契約の区別がつきにくい場合もあります。公務員の任命行為が行政行為か行政契約かといった、長く争われている問題もあります。

③ 対外的である

行政行為は行政機関が対外的にする行為です。訓令・通達は、行政組織内部の命令なので、行政行為には含まれません。

④ 具体的である

委任命令や執行命令のような一般的な規範ではなく、個別的で具体的な効果が発生します。たとえば、建設業の許可が下りれば、許可を受けた特定の者が建設業を営むことができるようになるのです。

委任命令

国民の権利義務に関する法規命令をいう。法律の委任がなければ制定できないが、委任があれば罰則を定めることもできると考えられている。委任は、個別具体的である必要があり、あまりにも包括的な委任は、法律による委任という意味合いが薄まるおそれがあるため、許されない場合がある。

執行命令

法律を実施するために必要な事柄を定める法規命令をいう。委任命令とは異なり、国民の権利義務に関する内容を含むわけではないため、個別具体的な法律による委任がなくても、行政機関は執行命令を定めることができると考えられている。

PART4
3

行政活動の形式

行政行為の種類①

法律行為的行政行為は国民に義務を課し、権利を与える

■ 法律行為的行政行為とは

行政行為については、伝統的には法律行為的行政行為と準法律行為的行政行為の２つに大別されます。民法の法律行為が当事者の意思に従って法的な効果を発生させるものであることにならって、行政庁の意思に従って効果が発生するのか、それとも法令の定めるところによって効果が発生するのかによって、行政行為を分類しています。行政庁の意思に従って効果が発生する行政行為を**法律行為的行政行為**といいます。法律行為的行政行為は、さらに以下の種類に分類されています。この分類も伝統的な分類に従っています。国民の義務や権利の制限に関する法律行為的行政行為を命令的行為といいます。

法律行為

民法における理論として、権利義務関係を変動させようとする意思（効果意思）に基づいて、外部に表示行為を行うこと。法律効果発生の意思の有無によって、準法律行為と区別されている。

①　命令的行為

・下命及び禁止

下命とは、国民に対して一定の行為をする義務を課す行為です。違法建築の除却命令・租税の賦課処分などがあります。また、禁止とは、一定の行為をしてはならないという義務を課す行為です。道路の通行止め、営業停止命令などがこれにあたります。下命と禁止をまとめて義務賦課行為ということもあります。

・許可・免除

許可とは、法令によって課されている一般的禁止を特定の場合に解除する行為です。自動車運転の免許・風俗営業の許可などがこれにあたります。免除とは、すでに法令によって課されている義務を特定の場合に解除する行為です。納税義務の免除・就学義務の免除などです。許可と免除をまとめて義務免除

自動車運転の免許

免許という名称でも、許可と分類されるので注意する必要がある。

法律行為的行政行為の内容

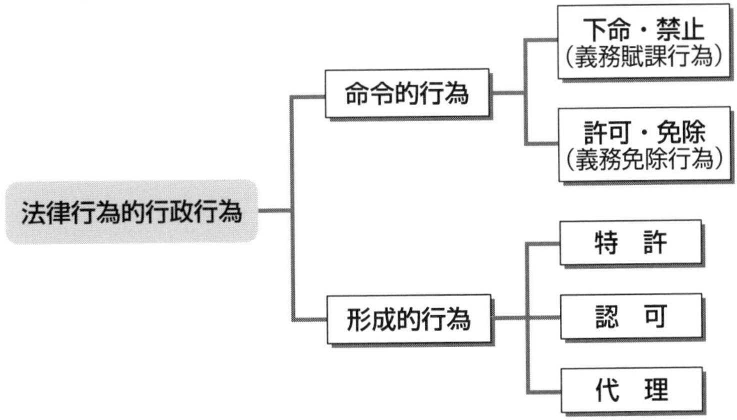

行為ということがあります。また、権利を創設したり、他の行為に法律上の効果を付け加えるなどの法律行為的行政行為を形成的行為と呼びます。

②　形成的行為

・特許

特許とは、国民が本来有していない権利などを設定する行為です。河川の占用許可・鉱業権設定の許可などです。

・認可

認可とは、第三者の契約・合同行為などの法律行為を補充して、その法律上の効果を完成させる行為です。農地の権利移転の許可・土地区画整理組合設立の認可がこれに該当します。

・代理

代理とは、本来相手方が行うべき行為を行政機関が代わって行う場合です。少し特殊ですが、土地収用裁決・内閣による日本銀行総裁の任命などがあります。

特許と行政裁量との関係

特許は、本来私人に認められないはずの権利を私人に与える行為であるため、具体的に誰にどのような権利を与えるのかという点について、行政庁に広い裁量が認められると考えられている。これに対して、私人が元来持つ自由の制限を解除する、許可においては、裁量は小さいと考えられている。

行政行為の種類②

法律効果に結びつく事実行為が準法律行為的行政行為である

■ 準法律行為的行政行為とは

行政行為には、行政庁の意思に従って効果が発生する法律行為的行政行為の他に、法令の定めるところによって効果が発生する**準法律行為的行政行為**があります。準法律行為的行政行為は、さらに以下の種類に分けられます。

① 確認

確認とは、特定の事実や法関係の存否を認定し、これを対外的に表示する行為で、法律上一定の法的効果の発生と結びつけられているものをいいます。建築確認・健康保険法上の被保険者の資格取得の認定などがこれにあたります。法的効果が発生する点では、法律行為的行政行為と同じですが、どのような内容の法的効果を発生させるかについては、法令に定められていて行政庁に裁量はありません。

② 公証

公証とは、特定の事実や法律関係の存在を公に証明する行為です。不動産登記簿への登記・犬の鑑札の交付などです。

③ 通知

通知とは、特定の事実または行政庁の意思を知らせる行為で、法律上一定の法的効果に結びつけられたものをいいます。特許出願の公告・納税の督促などがあります。

④ 受理

受理とは、他人の行為を有効な行為として受けつける行為で、法律上一定の法的効果に結びつけられたものをいいます。各種の申請や届出などの受付がこれにあたります。

法律行為的行政行為と準法律行為的行政行為

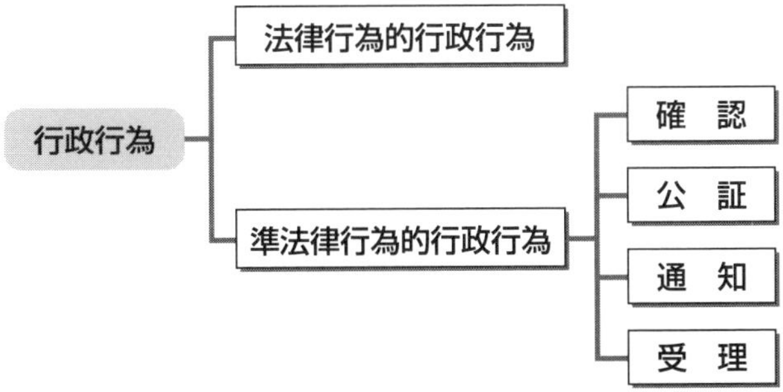

■ 伝統的分類に対する批判

このように、行政行為を法律行為的行政行為と準法律行為的行政行為に二分して、さらにいくつかの種類に分けるのが、伝統的な考え方です。ただ、このような分類の仕方にそれほど意味があるのかといった疑問が提示されていることも確かです。1つの行政行為であってもここで分類する決め手となっている法的効果を複数もつものもあります。また、従来の分類にあてはまりにくい行政行為もあります。たとえば確認といわれるものの中には、建築確認のように、確認が得られなければ、事実上家が建てられないという意味で、許可に近いものもあります。

■ 侵害的行政行為と授益的行政行為

以上のような分類の他にも、相手方に対して不利益を与えるのか、それとも利益を与えるのかという観点から分類する方法もあります。相手方に対して不利益を与える行為を侵害的行政行為、相手方に対して利益を与える行為を授益的行政行為といいます。また、これらの性質を併有し、相手方に対しては不利益（利益）を与えるものの、それと同時に第三者に対しては利益（不利益）を与える行為を二重効果的行政行為といいます。

二重効果的行政行為の例

たとえば、違法建築物の除却命令などは、建築主にとっては不利益になるが、周辺住民にとっては利益になる。

PART4 5

行政活動の形式

行政行為の効力

行政行為にはさまざまな特殊な効力が認められている

■ 行政行為にはどんな効力があるのか

民法の法律行為で代表的なものは契約です。国民同士が契約を結んだ場合に、その契約が相手方の詐欺によって結ばれた場合には、民法96条１項によって取り消すことができます。また、もし相手方が契約を守らなかった場合には、裁判所に訴え出て契約を実現することができます。

ところが、行政というものは国・地方自治体の目的を達成するために行われるものであって、いくら違法であっても相手方の意思によって取り消されたり取り消されなかったりするのでは、行政上の法律関係が不安定になります。また、相手方が行政行為によって負担させられた義務を履行しない場合に、いちいち裁判所に訴え出ていたのでは、迅速に行政目的を達成することができません。そこで、行政行為には、法律行為とは異なった特別な効力が認められています。

①　拘束力

行政行為は、それを行った行政庁が所属する行政体と行政行為の相手方を法的に拘束します。そのため、行政体と相手方の双方は行政行為を守らなければなりません。この効力を拘束力といいます。

②　公定力

行政行為は、たとえ違法なものであっても、それが取り消されるまでは一応有効なものとして取り扱われます。この効力を公定力といいます。行政行為の効力の中でも最も重要なものといえるでしょう。ただ、違法な行政行為でも、例外的に無効な

公定力と行政訴訟の関係

行政行為には公定力という特別の効力が与えられている。このことから、違法と思われる行政行為の効果を消滅させるためには、特別の訴訟によらなければならないという取消訴訟の排他的管轄という考え方が導かれると考えられている。

行政行為に認められている効力

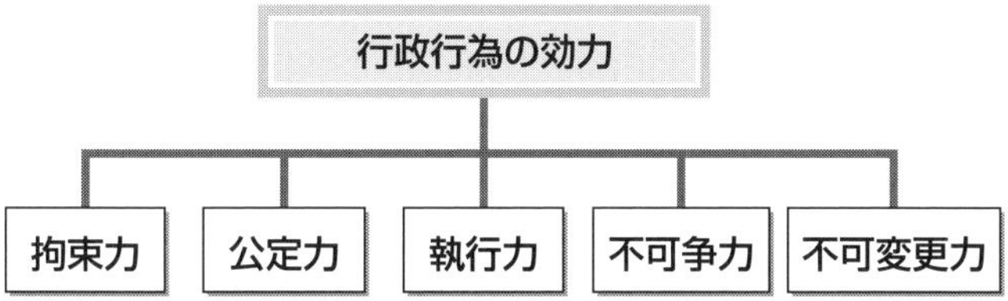

ものとして扱われることもあります。

③　**執行力**

相手方が義務を履行しない場合に、法律の規定に従って、行政自身が裁判所の手続きを経ないで強制的にその義務を実現することができます。これを執行力といいます。

国民同士の場合、裁判所での手続きを経てはじめて強制的に義務を実現することができます。しかし、それを待っていたのでは、行政目的の迅速な実現が不可能になります。そのため、強制力のある執行力が認められているのです。

④　**不可争力**

行政行為に対して不服のある者がいても、一定期間が経過したら行政行為の効力を争うことができなくなります。この効力を不可争力または形式的確定力といいます。行政上の法律関係を早期に確定させて、法的安定性を図ることが目的です。

⑤　**不可変更力**

紛争に対して一定の判断を下す作用をもつ行政行為（争訟裁断行為）について、たとえそれが違法であっても、行政庁はこれを変更したり取り消したりすることはできません。この効力を不可変更力といいます。変更・取消しを認めると、いつまでも紛争が解決しなくなってしまうからです。

争訟裁断行為

紛争に対する判断を下す作用を持つ行政行為は、争訟裁断行為と呼ばれている。たとえば、行政不服審査法に定められている、審査請求に対する裁決などが、争訟裁断行為にあたる。

PART4
6

行政活動の形式

行政行為の公定力

違法な行政行為も取り消されるまでは有効である

■ 行政行為の公定力とは

契約などの民法上の法律行為では、それが違法であれば当事者は守る義務はありません。契約をするときに相手方の詐欺にあえば、取り消すことによって契約の拘束から逃れることができます。

法治主義の原則に従えば、法律に違反する行政行為はそのまま取り消すことができるか、無効にすべきとも思えます。

しかし、行政行為が違法である場合には、一定の手続きによらなければ、有効なものとして取り扱われることになっています。このような行政行為の効力を**公定力**といいます。

法治主義
18ページ参照。

■ 公定力の根拠

公定力という特別な効力については、どの法律を見渡しても規定が見当たりません。では、どうして行政行為には公定力が認められるのでしょうか。公定力の根拠については、戦前から、行政庁は国家の権威を代表するものであるから、その行為は一応適法であるとの推定を受ける、といった見解が主張されてきました。しかし、この見解に対しては、戦後の民主主義に反するとの批判がなされています。

そして近年では、取消訴訟の排他的管轄に公定力の根拠を求める見解が主張されています。違法な行政行為の取消しについては、行政事件訴訟法が特別に定めた取消訴訟の手続きによらなければなりません。これを取消訴訟の排他的管轄といいます。つまり、この特別な手続きによって取り消されなければ、たと

取消訴訟の排他的管轄
理論的にはこのように根拠付けられているが、行政行為の相手方が別の訴訟で取消しを自由に主張できるとすれば、行政が滞ってしまうというのが実際の理由だといえる。

公定力とは

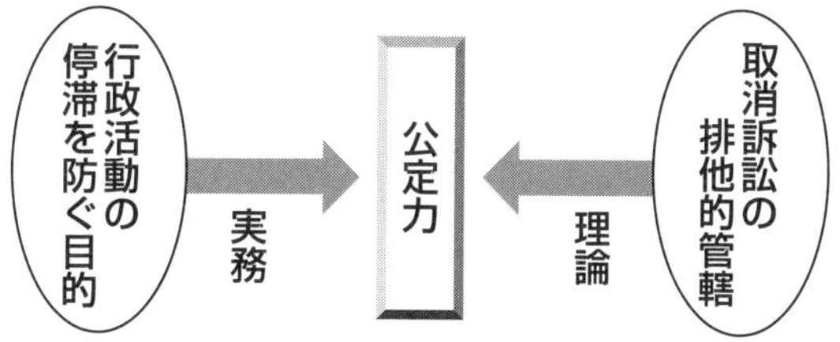

え違法な行政行為であっても事実上通用するという公定力が導かれると考えられているのです。

■ 他の訴訟との関係

違法な行政行為を前提として他の訴訟が提起されている場合に、当事者は取消訴訟によってその行政行為を取り消さなければ、他の訴訟でその違法を主張することができないのでしょうか。訴訟の種類によって、次のように考えられています。

① 民事訴訟

国民同士が法律関係を争う民事訴訟では、取消訴訟によって行政行為を取り消さない限り、その違法を主張することはできません。

② 刑事訴訟

国民の刑事責任を争う刑事訴訟については、見解の対立があります。ただ、被告人に取消訴訟を提起する負担を負わせることが酷である点を強調すれば、そのまま行政行為の違法を主張することができると考えることになります。

③ 国家賠償請求訴訟

公務員の行為によって損害を被った国民が、その損害賠償を求めて提起する国家賠償請求訴訟では、取消訴訟を経なくてもそのまま行政行為の違法を主張できます。

取消事由がある行政行為

瑕疵ある行政行為は職権取消しまたは争訟取消しにより取り消される

■ 行政行為の瑕疵とは

法律による行政の原理から、国民の権利・自由を守るために、法律の定める要件に違反した行政行為や、その内容が公益に反する不当な行政行為は、その効力を否定する必要があります。この行政行為における法令違反や反公益性を**行政行為の瑕疵**といいます。もっとも、瑕疵のあるすべての行政行為を無効とするのは、行政活動の混乱を招くので妥当ではありません。したがって、行政行為に重大かつ明白な瑕疵がある場合に限り行政行為は無効とされ、その他の場合は取り消されるまで有効な行政行為（取り消されるべき行政行為）とされます。

行政行為の瑕疵と効力の関係

行政行為の効力についても、行政活動の安定等の要請と国民の権利・利益を守る必要性との利益衡量により、検討する事が重要である。

■ 取り消されるべき行政行為とは

取り消されるべき行政行為とは、行政行為に瑕疵はあるが、その瑕疵の程度が重大かつ明白とまではいえない行政行為のことをいいます。たとえば、法令の定める手続規定に違反してなされた行政行為や、行政行為に要素の錯誤があった場合などを挙げることができます。取り消されるべき行政行為は、取り消されるまで有効とされます。

取消しの方法には、職権取消しと争訟取消しの２つの方法があります。職権取消しとは、処分庁または上級行政庁が自主的に行う取消しで、出訴期間などの制限はありません。争訟取消しとは、国民による行政機関（行政不服申立て）、または裁判所（取消訴訟）に対する争訟の提起を契機としてなされる取消しです。争訟取消しには、出訴期間や原告適格その他訴訟要件

要素の錯誤

法律行為に、通常人が知っていれば、その法律行為を行わなかったであろうという程度の重大な食い違いがある場合をいう。

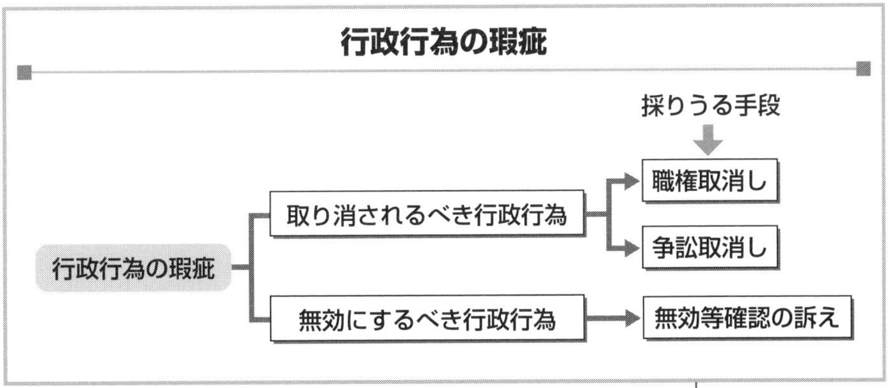

による制約があります。行政行為が取り消されると、行政行為がなされた当初に遡って無効とされます（取消しの遡及効）。

■ 無効にするべき行政行為との区別

無効にするべき行政行為とは、重大かつ明白な瑕疵がある行政行為のことをいいます。たとえば、権限のない者が行った行政行為や、実現不可能な内容の行政行為を挙げることができます。

現行法上、行政行為の無効等確認の訴えも認められていますが、出訴期間の制限がなく、また、無効は裁判外でも主張することができます。したがって、国民は、いつでも、どのような方法でも、行政行為の無効を主張することができます。

また、取り消されるべき行政行為については、その後の適法要件の追完（瑕疵の治癒）が認められるのに対し、無効にするべき行政行為については、このような瑕疵の治癒は認められません。

さらに、無効な行政行為を前提としてなされる行政行為は当然に違法・無効とされるのに対し、取り消されるべき行政行為（先行処分）を前提としてなされた行政行為は、先行処分と一連の手続きと評価される場合にのみ違法であると考えられています（違法性の承継）。

瑕疵の治癒
行政行為に存在する瑕疵が、事後的な事情の変更により、瑕疵のない行政行為であると解釈されるようになることをいう。これに対して、瑕疵ある行政行為が、別の行政行為としては適法であると考えられる場合に、適法であると解釈することを違法行為の転換という。

PART4 8

当然無効な行政行為

行政活動の形式

重大で明白な瑕疵ある行政行為は当然に無効

■ 当然無効な行政行為

行政行為には公定力があり、たとえ違法であっても取り消されるまでは一応は有効なものとして扱われることになっています。しかし、違法が著しい場合にまで、有効として取り扱われるわけではありません。著しく違法な行政行為を有効であるとして扱うことは、国民にとって酷な結果を強制することになってしまいます。そこで、そのような行政行為は**当然無効な行政行為**として扱うことになります。当然無効な行政行為は、公定力のある行政行為に比べて次のような違いがあります。

① 取消訴訟の手続きを経ない場合でも違法であり無効であることを主張できます。とくに、民事訴訟の中でそのまま行政行為の違法・無効を主張することが許されることになります。

② 取消訴訟はいつまでも提起できるわけではなく、一定の期間内に提起しなければ行政行為が有効であることが確定してしまいます。これを行政行為の不可争力（形式的確定力）といいますが、当然無効な行政行為の場合には、期間経過後でもその違法・無効なことを主張することができます。

公定力

行政行為に認められる特殊な効力のひとつ。行政行為の効力が容易に覆ってしまうと、法律関係が不安定になってしまうため、違法であっても即座に効力が消滅しないという建前を採っている。

■ 判断のための基準

当然無効な行政行為といっても、具体的にどのような基準で無効か否かを判断すべきでしょうか。この点については、以前から議論の対象となっていました。

① **有効要件説**

戦前に唱えられていた見解です。行政行為の要件は有効要件

有効要件

法律行為自体が有効であるための要件を有効要件という。一般的な法律行為の有効要件は、内容が確定しており、実現可能で、法律に違反することなく、一般常識から考えて、内容が妥当であることが必要であると考えられている。

違法な行政行為と適法な行政行為

<table>
<tr><th>適法な行政行為</th><th colspan="2">違法な行政行為</th></tr>
<tr><td>有　効</td><td>公定力
↓
一応有効</td><td>重大明白な違法
↓
当然無効</td></tr>
</table>

とそれ以外の要件からなっており、有効要件を欠いた行政行為が当然に無効になるとしています。

② 重大明白説

戦後の最高裁判所の判例では、重大かつ明白な違法がある場合には、当然無効な行政行為として扱うとしています。これを重大明白説といいます。学説もおおむねこの判例に賛成しているようです。まず、重大とはかなり抽象的な表現ですが、行政庁が権限のない行政行為をした場合や踏まなければならない手続きを踏まなかった場合が、これにあたります。ただ、重大か否かの判断にあたっては、行政行為の相手方が被る不利益の程度も考慮に入れられます。次に、明白とは、処分が成立するときから、違法であることが外形上、客観的に明白であることを意味しています。外形上、客観的に明白ということは、誰の目から見ても違法であると判断することができるということです。

明白性補充要件説

瑕疵が重大であれば、必ずしも明白である必要はないと考える見解をいう。本文に記載があるように、重大明白説に立つ判例においても、瑕疵の重大性を重視して、無効事由にあたると判断したと思われる事例も見られる。

③ 調査義務説

重大明白説の明白性の判断に対して、行政庁が当然に要求される調査義務を果たしていれば、誤りを犯さなかった場合にはやはり明白性があると考える見解もあります。この見解は、調査義務説といわれています。

PART4
9

行政行為の職権取消し

行政庁は不当・違法な行政行為を取り消すことができる

■ 職権取消しとは

行政行為を取り消すには、大きく分けて2つの方法があります。1つは、行政行為の相手方が裁判所に取消訴訟を提起して、取消しの判決を下してもらう方法です。そして、もう1つは、行政庁が職権で行政行為を取り消すという方法です。職権で取り消すということは、行政庁自身の判断に基づいて行政行為を取り消すということです。これを職権取消しといいます。これに対して、裁判所による取消しを争訟取消しといいます。

職権取消しと争訟取消しの違いは、職権取消しでは、違法だけではなく、行政目的に照らして不当な場合も取り消すことができるということ、そして、相手方からの申請がなくても行政庁の判断によって取り消すことができるということです。

職権取消しは行政庁自身の判断に基づいて行われますが、自由に行われるわけではありません。とくに、行政行為の相手方にとっては、行政サイドを信用していたのに突然に不利益を被ることがあるので、その点に対する配慮は必要でしょう。ただ、違法な行政行為を放置しておくことは法治主義の原則に反しますし、行政のもつ公益目的に反することもあります。そのため、職権取消しがどの程度まで許されるのかを検討する必要があるわけです。この問題については、行政行為の相手方に不利益を与える侵害的行政行為と利益を与える授益的行政行為に分けて考えてみます。

侵害的行政行為と授益的行政行為

行政行為の分類方法のひとつとして、侵害的行政行為と授益的行政行為の区別がある。侵害的行政行為とは、国民の権利を制限する、または義務を課す行政行為をいう。これに対して授益的行政行為は、補助金の交付など何らかの利益を与える性質の行政行為をいう。

①　侵害的行政行為の職権取消し

侵害的行政行為の場合は、行政庁の職権によって突然に取り

職権取消しについて

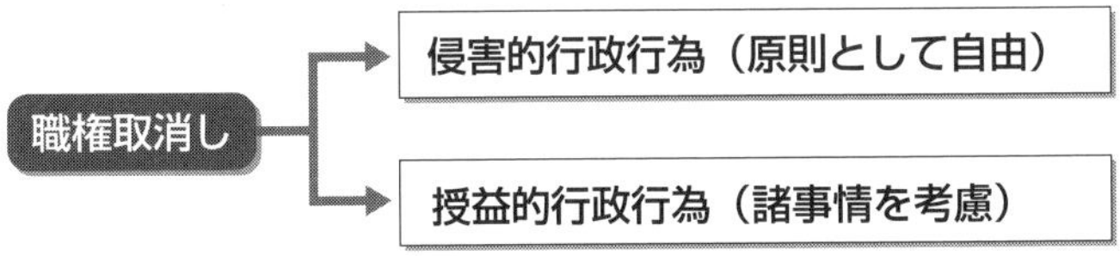

消されても、相手方は不利益を解消されるだけなので、原則として制限は受けないものと考えられています。具体的には、営業停止処分にはしたものの、その停止処分が要件を満たしてない違法なものであった場合の職権取消しがこれにあたります。

ただ、侵害的行政行為であっても、それを維持することが直接の相手方以外の一般的公益（社会全体の利益）にとって必要な場合には、職権取消しが制限されることもあるでしょう。

②　授益的行政行為の職権取消し

授益的行政行為の場合は、それを職権によって取り消すことは相手方に不測の不利益を被らせることになります。信頼保護の原則にも反するでしょう。社会保障給付をしていたが、要件を満たさない違法な給付であったことが、後に判明した場合などが挙げられます。ただ、その一方で、違法または不当な行政行為をそのまま維持することも問題になります。とくに、違法な行政行為であれば、法治主義の原則に反する状態を維持することになるわけです。そこで、職権取消しが許されるかどうかは、法治主義の原則と相手方の利益保護をはかりにかけて決定することになります。その場合、ⓐ相手方に対して代わりの補償が与えられているか、ⓑ過去に遡ってまで給付したものを返還させるのか、ⓒ相手方に何か責任があるかどうか、ⓓ違法の強弱、行政行為が行われたときからの期間の長短、などの諸事情を考慮して判断することになります。

信頼保護の原則

26ページ参照。

社会保障給付

福祉国家の理念を実現するために、国民に給付を与えること。たとえば、生活保護の支給や、児童扶養手当の支給などが挙げられる。

PART4
10

行政行為の撤回

行政庁は有効な行政行為でも撤回することができる

■ 行政行為の撤回とは

成立当初から行政行為が違法や不当な場合には、行政庁はその行政行為を取り消すことができます（職権取消し）。これに対して、有効に成立した行政行為の効力を成立後の事情から行政庁が失わせることを**行政行為の撤回**といいます。この成立後の事情としては、公益上の必要性・行政行為の要件事実の消滅・相手方の義務違反などがあります。職権取消しとの違いは、撤回はもともとの行政行為を行った行政庁だけが行うことができること、原則として遡って効力を失わせるものではないことなどが挙げられます。

撤回と取消し

本文に記載がある通り、取消しと撤回は、理論的に区別が図られている。しかし、法律上ではともに「取消し」と表記されているために、それが取消しの意味なのか、撤回の意味なのか解釈が必要になる。

要件事実

法律効果の発生・変更・消滅を導く契機として、法律に規定された事実をいう。たとえば、最低生活費をまかなうのに必要な資産を持たず、生活保護受給資格を得る場合などが挙げられる。

行政行為の撤回の場合も、職権取消しの場合と同様に、制限があるのかという問題があります。ここでも、侵害的行政行為の場合と授益的行政行為の場合に分けて考えてみます。

①　侵害的行政行為の撤回

侵害的行政行為

79ページ参照。

侵害的行政行為は、もともと相手方の権利・利益を制限しているので、それを撤回することは相手方にとっては利益になります。たとえば、建築を制限していた土地で、制限を撤回して建築を許可する場合などがこれにあたります。相手方にとっては利益になるので、撤回は原則として自由です。

ただ、法律の規定によって、一定の要件が具備されれば必ず侵害的行政行為をしなければならない場合は、行政庁の裁量が認められていないので、撤回することはできません。

②　授益的行政行為の撤回

授益的行政行為

79ページ参照。

授益的行政行為を撤回するということは、相手方に不利益を

行政行為と撤回

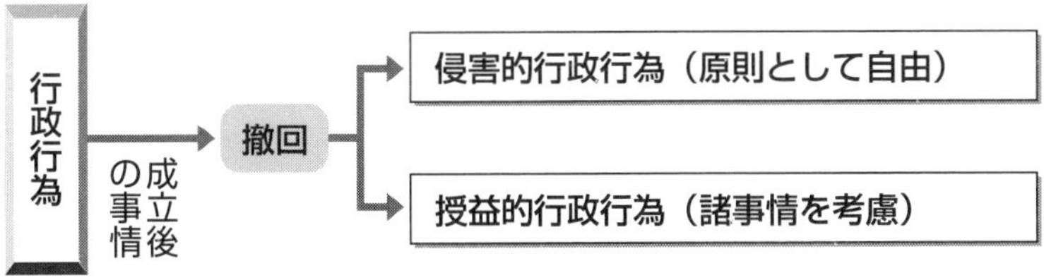

与えることになります。行政が所有している財産の使用許可を撤回する場合などが、これにあたります。授益的行政行為の撤回については、職権取消しの場合と同様に、相手方にとって不利益になることから、その制限が問題とされています。

・撤回には法律の根拠が必要かどうか

授益的行政行為を撤回する場合に、法律の根拠が必要なのかという点で議論があります。まず、公益上の必要性さえあれば、法律の根拠がなくても行政庁の判断によって撤回をすることは可能とする見解があります。その一方で、相手方の被る不利益や信頼保護の原則から、法律の根拠は必要であるとする見解もあります。ただ、この見解でも、行政庁が後で撤回することのできる権限（撤回権）がもともと留保されている場合や相手方の同意がある場合には、法律の根拠は不要であるとしています。

・撤回できる場合

たとえ法律の根拠があっても自由に撤回できるのではなく、さまざまな事情を考慮して撤回を制限すべきであるとの見解も唱えられています。つまり、公益上の必要性の程度、違法性の程度、相手方に責任があるかどうか、相手方の被る不利益の程度と補償の有無といった諸事情を総合的に考慮して、撤回が許されるかどうかを決定すべきとしています。

PART4
11

行政行為の附款①

行政行為につけられる条件を附款という

■ 行政行為の附款とは

行政行為が行われたときに、何らかの条件などがつけられることがよくあります。身近な例では、近眼の人が自動車運転免許を取得したときに、運転時に眼鏡を使用すべきことが義務付けられて、免許証にもそのことが記載されています。このように、行政行為の本来の内容に付加される附帯的な定めのことを、**行政行為の附款**といいます。どちらかといえば行政行為の附款は、授益的行政行為につけられるものです。附款には、さまざまなものがありますが、おもに以下の種類のものがあります。

授益的行政行為

行政行為の分類のひとつとして、国民に何らかの利益を与える性質を持つ行政行為をいう。たとえば、生活保護の支給や補助金の支給などが挙げられる。

① **期限**

道路使用の許可を与えるときには、無制限ではなく何か月間とかその期限をつけることが通常です。また、自動車免許もあらかじめ更新時期が定められています。このように、行政行為の法的効果の発生や消滅を、将来到来することが確実な事実にかからせる附款を期限といいます。将来発生することが確実な事実にかかる点で、不確実な事実にかかる条件と区別されます。

② **条件**

トンネルが完成するまで道路を通行止めにするというように、行政行為の法的効果の発生や消滅を、将来発生することが不確実な事実にかからせる附款を条件といいます。法的効果が発生する場合の条件を停止条件、法的効果が消滅する場合の条件を解除条件といいます。条件により相手方に対して何らかの義務を課した場合、相手方が義務を果たさないと行政行為の効力が消滅することになります。

行政行為と附款

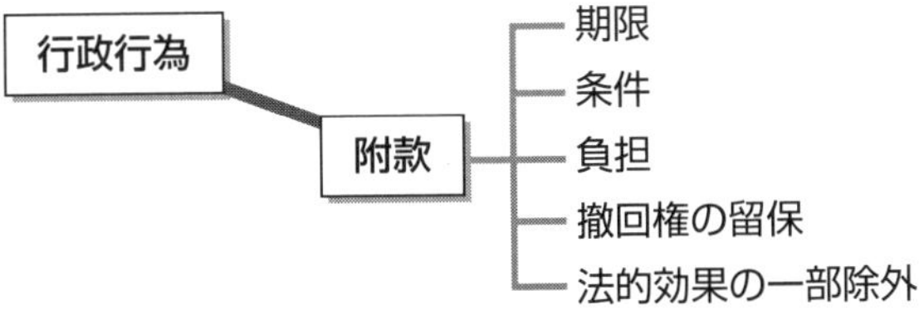

③ 負担

道路使用を許可するときに、道路の占用料を支払えといった附款がつけられることがあります。このように行政行為の相手方に対して特別の義務を命じる附款を負担といいます。条件と違うところは、相手方が義務を守らないときでも、当然には行政行為の効力は消滅しないという点です。ただ、行政行為によっては、義務を守らないことを理由に撤回することもあります。

④ 撤回権の留保

公民館や体育館といった施設の利用を許可するときに、周囲に迷惑をかける場合には許可を撤回するといった附款がつけられることがよくあります。このような、一定の理由がある場合に当該行政行為を撤回する可能性を行政庁に留保する附款を撤回権の留保といいます。ただ、撤回権が留保されていても、行政庁の一存でどうにでもできるような場合は、附款としては、単に撤回が可能であることを確認的に示したものにすぎません。

⑤ 法的効果の一部除外

公務員に対して出張を命じても、交通費や宿泊費は給付しないといったように、行政行為をするにあたり、法令が一般にその行為に付した効果の一部を発生させないこととする附款を、法的効果の一部除外といいます。

負担と条件

行政行為の附款としての負担と条件は、法文上はともに「条件」と記載されていることが多く、区別が困難な場合がある。しかし、負担に違反しても行政行為の効力に影響はないが、条件に反すると行政行為の効力に影響があるため、附款により行政行為の本質に変更を及ぼさない場合には負担と解釈して、区別すべきであるといわれている。

PART4
12

行政活動の形式

行政行為の附款②

行政行為につけられた附款が違法になる場合もある

■ 附款の許容性

附款は、行政庁が行政行為を行うときにつけるものです。ただ、だからといって行政庁が完全に自由な裁量で、附款をつけられるわけではありません。附款も行政行為とともに存在するのですから法治主義の原則には従います。また、行政庁の裁量といっても広狭さまざまであって、附款についても同じような議論があてはまります。そのため、許容された限界を超えた附款がつけられた場合は違法な附款となります。当然の前提として、本体である行政行為の根拠法令の目的と何の関係もない附款は許されません。

どのような場合に附款が違法になるかについては、次のような基準があります。

① 法的効果の内容が法令によって定められている準法律行為的行政行為には附款をつけることはできません。

② 法律で附款をつけることができるという規定があれば、附款をつけることができます。

③ 行政行為の内容の選定について行政庁に裁量が認められている場合には、附款をつけることができます。

④ 行政行為の目的を達成することと関係のない附款をつけることはできません。たとえば、自動車免許を与えるのに、経済的負担を課するような附款は違法になります。とくに経済的負担があまりに高額な場合には、行政法の一般原則である比例原則に反する場合もあります。

⑤ 必要以上に相手方の権利や利益を制限してはいけません

準法律行為的行政行為

法律効果の変動をめざして行われる（意思表示）わけではないが、事実的な行為が、国民の権利義務関係に影響を与える行為。たとえば、建築確認は建築物が法令に適していることを「確認」することで、私人は工事を開始できるという効果に結びつく。これに対して法律行為的行政行為とは、営業停止命令など、直接法律効果の発生をめざして行われる（意思表示）行為である。

比例原則

30ページ参照。

違法な附款

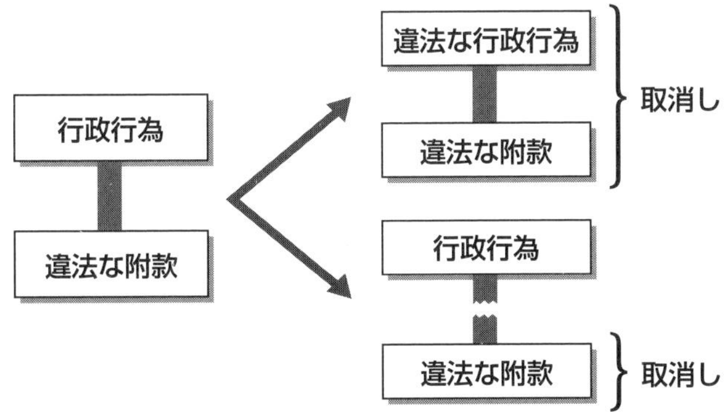

（比例原則）。

⑥　他に行政行為の相手方となる者との間で不平等になる附款をつけることはできません（平等原則）。

■ 違法な附款の取消し

附款が違法である場合には、裁判所に対して取消訴訟を提起して救済を求めることができます。その場合、本体である行政行為と附款がどのような関係にあるかによって、取扱いが異なってきます。

①　行政行為と附款が不可分一体の場合

たとえば、違法な条件が行政行為の目的達成のために必要不可欠な場合などは、附款だけではなく行政行為全体の取消しを求めて訴訟を提起します。

②　行政行為と附款が分離できる場合

違法な負担が軽微なため行政行為と切り離すことができる場合などは、違法な附款だけについて、取消しを求めて訴訟を提起することができます。

違法な附款と行政行為との関係

本文で述べた基準に照らして附款が違法な場合、附款がつけられていた行政行為も違法になるのかという問題については以下のような見解がある。

- 附款が行政行為を行うにあたっての重要な要素となっていて、「附款をつけなければ行政行為をしなかった」という場合には、行政行為も違法になる。
- 附款と行政行為とが不可分一体といえる場合には、行政行為も違法になる。

PART4
13

行政上の強制執行

行政活動の形式

行政機関は果たされない行政上の義務を強制的に実現できる

■ 行政上の強制執行とは

国民同士では、たとえ相手方が契約を守らないからといって、自分の手で強制的に契約内容を実現することは許されません（自力救済禁止の原則）。裁判所に申し立てて、法律で定められた手続きを経て実現していくことになります。

ただ、行政行為などによって課された義務を国民が守らない場合は、大きく手続きが異なります。この場合に行政側が裁判所に訴訟を起こしたり、強制執行を申し立てたりしていたのでは、迅速に行政目的を達成することはできません。そこで、行政には自分自身の手で強制執行をすることが認められています。これを**行政上の強制執行**といいます。行政上の強制執行には、代執行、強制徴収、直接強制、執行罰などがあります。

行政上の強制執行は、国民の権利・自由に対する強い制約となるので、単に行政上の利益だけではなく、国民の権利・自由に対する配慮が必要になります。

■ 代執行とは

他人が代わって履行することのできる義務（代替的作為義務）を義務者が果たさない場合に、行政機関が義務者に代わって、その義務を実現することを**代執行**といいます。代執行は、行政代執行法という法律が一般的な定めをしています。違法建築物を除去する場合などに使われます。

代執行の要件として、①法令または行政行為に基づく代替的作為義務があること、②代執行以外の方法では、履行確保が困

自力執行力

私人間同士の紛争について、本文に記載されているように自力救済の禁止といわれるのに対して、行政自身が裁判所を通さずに、強制執行することができる効力を指して、自力執行力と呼ばれることがある。

強制執行

行政手続上、行政庁が義務の履行を強制するために、法の規定に基づいて実力を行使すること。民事上は、国家が債権者の請求権を強制的に実現する手続のこと。たとえば判決が確定した場合、判決で支払いを命じられた金銭や、引渡しを命じられた物を、国の機関（執行機関）が強制的に被告からとり上げて、原告に引き渡すことなどがある。

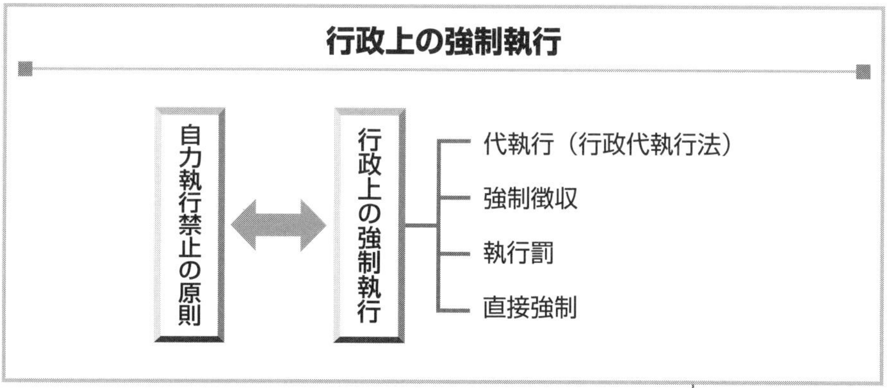

難であり、かつ不履行の放置が著しく公益に反すること、が必要です。代執行の手続きは、まず、文書による戒告の後、指定期限までに義務者が履行しない場合には、代執行をする旨の通知が義務者に対してなされます。その後、指定期限までに義務が履行されないとき、代執行が行われるというプロセスをとります。代執行に要した費用は義務者の負担とされます。義務者が費用を支払わない場合には、強制徴収の方法によって費用の支払が強制されます。

■ 強制徴収とは

金銭納付義務を履行しない義務者の財産に対して、行政機関が強制を加えて義務を実現することを**強制徴収**といいます。国税徴収法によって、滞納されている税金を強制的に徴収するのが好例でしょう。

強制徴収は、裁判所ではなく、行政機関に、国民の金銭支払義務を強制的に実現する手段を認めるものです。国民の権利・自由について、十分な保護が必要とされます。したがって強制徴収は、法律の定める要件・手続きの下で行われる必要があります。税金の徴収を例にとってみますと、まず、納税義務者への督促がなされ、それでも履行されない場合には、納税義務者

強制徴収の手続き

金銭の強制徴収の具体的な手続きは、納税の告知・督促を経て、財産の差押えが行われ、その財産を売却して金銭に換え（換価）、代金が徴収（配当）されるという流れをたどる。このうち、差押え・換価・徴収（配当）の手続きは滞納処分と呼ばれている。

の財産が差し押さえられます。その後、公売により金銭に換えられ、金銭納付義務が強制的に実現されます。なお、法律による強制徴収が認められていない授業料や水道料金の支払を強制的に実現するには、民事訴訟を提起しなければなりません。行政機関は、裁判所の確定給付判決をもとに、国民の財産に対し強制執行をかけ、金銭支払義務を強制的に実現していきます。

では、行政機関に強制徴収が認められている場合にも、民事訴訟による方法で、金銭支払義務を強制的に実現することはできるのでしょうか。この点、判例は、強制徴収による簡易・迅速な処理が認められている場合には、民事訴訟手続きによる公法上の金銭債権の強制的な実現は認められないとしています。

■ 直接強制とは

代執行・強制徴収以外に、行政機関が、直接、義務者の身体・財産に強制を加えることによって義務を実現することを**直接強制**といいます。人権侵害の危険性が強いので、現在では、成田新法や感染病予防法などの個別の法律で規定されている場合にのみ認められています。

たとえば、感染病に罹患した患者を、強制的に、入院させることが、感染病予防法によって認められています。

もっとも、強制入院は、勧告に従わない場合に行われ、入院期間も法律により限定されており、患者の人権に配慮した手続きになっています（適正手続きの原則）。

■ 執行罰と執行罰活用論とは

義務者に対して、行政機関が一定の期限までに義務を履行しない場合に過料を科することによって心理的に圧迫し、間接的に義務の履行を強制することを**執行罰**といいます。

現存する執行罰規定は、砂防法36条しかありません。

しかし、昨今、環境法や建築法の分野では、改善命令等の実

成田新法

正式名称は、「成田国際空港の安全確保に関する緊急措置法」（もともとは「新東京国際空港の安全確保に関する緊急措置法」）である。航空機の航行という重要な機能を考慮して、近辺で起こる破壊活動を阻止し、成田国際空港の安全の確保が目的である。

砂防法36条

砂防法は、砂防設備や、砂防指定地において一定の行為の制限等に関して定めた法律である。砂防法36条は、砂防法上の義務違反に対して、義務を履行するまで500円の過料を科すという、わが国で唯一の執行罰に関する規定を置いている。

執行罰と刑罰との比較

	執行罰	刑罰
科される金銭	過料	罰金
目的	義務の不履行に対して、科すことを通告することにより義務の履行を促す	過去の義務違反に対する制裁
繰り返し科すことの可否	可	否

義務が履行されるまで繰り返し科すことができる執行罰の有効性が見直される

↓

「執行罰の活用論」

効性を確保する必要性が生じています。この点、執行罰は、義務が履行されるまで、反復して科すことができ、また、罰則ではないので、憲法の二重処罰の禁止の法理が適用されないと考えられています。また、行政機関による迅速・柔軟な処理が可能となり、過料の額を高額にすれば、一般に低額とされる罰金刑よりも、十分な効果が期待できます。したがって、行政目的を達成する上で、執行罰は極めて有用な手段といえます。このような執行罰を、行政上の義務履行確保の手段として積極的に利用しようとする議論がなされています。これを、執行罰活用論といいます。

二重処罰の禁止の法理

一度処罰を受けた犯罪を理由として再び処罰されることはないという刑事訴訟における原則のこと（憲法39条）。たとえば、窃盗を理由として懲役刑を受けた後に、再び起訴してさらに罰金刑も科すことは二重処罰として禁止される。

■ 法律上の根拠

行政上の強制執行を行うためには、法律上の根拠が必要です。

戦前は、一般的に行政上の強制執行について定めた行政執行法がありました。しかし、かなり広範に国民の人権を制限していた反省から廃止されました。戦後になってからは、行政代執行法が制定された他は、個別の法律の規定によって強制執行が行われています。

PART4
14

行政活動の形式

その他の行政上の義務履行確保の方法

強制力を用いずに行政上の義務を果たすよう促す方法もある

■ 氏名等の公表について

国民が、行政機関に対する行政上の義務を果たさない場合には、行政上の強制執行の方法により、その履行を強制することが法律により認められています。

しかし、現代の行政作用は多岐にわたり、法律の認める行政上の強制執行だけでは、不十分な場合があります。事例によっては、行政上の強制執行という手段が不適切な場合もあります。

そこで、国民が行政上の義務を履行しない場合に、行政機関が違反事実や違反者の氏名等を公表するという手段が、事実上行われることがあります。

氏名等の公表は、行政上の義務の履行を確保するのに有用な方法ではあります。しかし、国民のプライバシー権を侵害する危険性に配慮する必要もあります。また、氏名の公表により営業上の信用を失うなど、多大な影響を受ける場合もあります。

そこで、氏名等の公表に処分性を認め、抗告訴訟の差止訴訟を認める方法が考えられています。

立法論としては、法律や条例による開示制度の規定を要求するのが最善といえます。

行政作用

行政行為をはじめ、行政活動全般がもたらす効果を表す言葉である。一般的には法律的な効果を表すことが多いが、事実的な効果を指して、行政作用の言葉が用いられることもある。

プライバシー権

わが国では、私生活を徒らに公開されない自由をいう。もっとも、近年では、自分自身に対する情報をコントロールする権利として、自己の情報の訂正や抹消を請求できる、情報プライバシー権が重要であると考えられている。

■ 行政サービスの給付許否

また、行政上の義務を履行しない国民に対し、行政サービスの提供を拒否したり、その許否を留保するという方法もあります。たとえば、行政上の義務不履行を理由に、生活保護の支給を停止する場合などです。

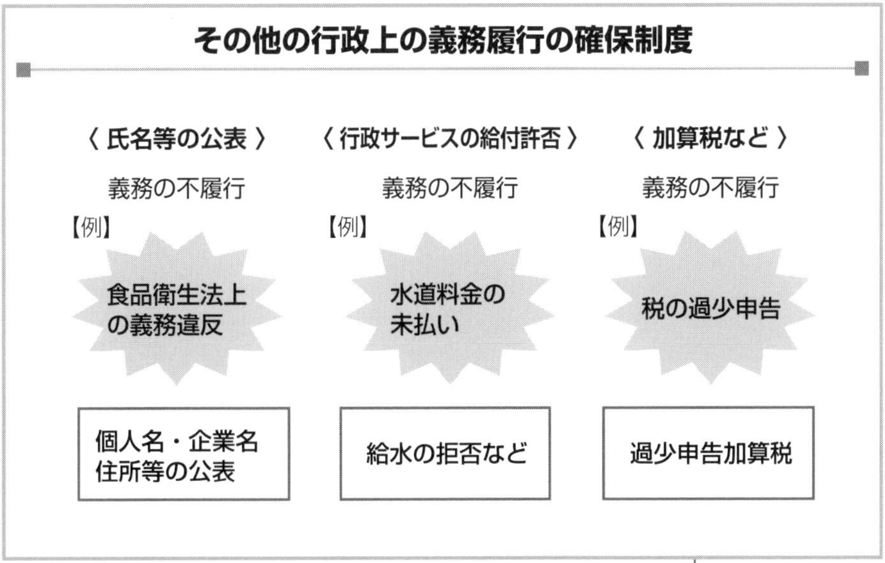

法律や条例により、サービスの給付拒否が認められている場合には、問題はありません。問題は、法令の根拠なく行政がこのような措置をとることができるかです。

この点、判例は、武蔵野市が、教育施設負担金の寄付を促すため、指導要綱に基づき水道の給水契約を拒否した事案において、当該給水拒否を違法と評価しています。

国民の権利・利益を守るため、給付拒否の要件としては、少なくとも、サービスの提供拒否が、直接義務の履行を促すという意味での、合理的な関連性を要求するべきでしょう。

■ 加算税など

納税義務者が、税の申告・納付等の義務を果たさない場合に課される、加算税・過怠税・延滞税も行政上の義務履行を確保する手段といえます。

不当な経済的利益を得た者から徴収される課徴金も同様です。

課徴金

行政権に基づいて国民に負担させる金銭的な負担をいう。たとえば、独占禁止法が禁止する不当廉売を行った者に対して、違法な利得を奪う目的で課徴金が課される例が見られる。

即時強制

義務を課していなくても行政が強制力を用いることもある

■ 即時強制とは

行政は公益目的を達成するために、強制的に国民の権利・利益を制限することがよくあります。そのひとつに、時間的な余裕がなく急いで目的を達成するために、国民の身体や財産に対して強制的な制約をするものがあります。伝染病を患った人を治療もしないまま自由にしておけば、その人にとって危険なだけではなく、社会全体に伝染病が蔓延してとり返しのつかないことにもなりかねません。そのような場合には、本人の意思に関係なく、社会から隔離して病院内で治療することが必要になります。行政機関が、行政上の義務を課さないまま、国民の身体・財産に強制を加えることを**即時強制**といいます。

■ 強制執行との違い

国民に対して強制力を加える点では、前述した行政上の強制執行とよく似ています。ただ、即時強制と強制執行の最大の違いは、相手方に対して事前に行政上の義務が課されているか否かというところにあります。強制執行では法律や行政行為などによって事前に義務が課せられていて、それを相手方が守らないので義務を実現するために強制力を加えます。これに対して、即時強制では、事前に義務が課されていない、また、課している時間がないために、即時に強制力が加えられるのです。

ただ、理論的にはこのように区別されてはいますが、実際にはいずれとも判断しかねることがあります。

即時強制と強制執行の区別

日常的な例だと、駐車違反の車両をレッカーで移動したり、駅前の違法駐輪を撤去したりする場合などは、事前に法律や条例によって一般的に駐車・駐輪が禁止されている面を強調すれば、強制執行である。また、個別には義務は課されていない面を強調すると、即時強制ということになる。

即時強制と強制執行

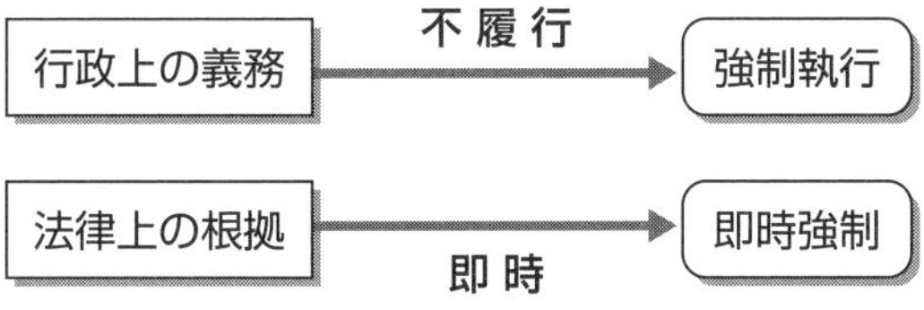

■ 即時強制の種類

即時強制は事前に義務を課していないだけに、相手方の人権を制約する程度が高いといえます。そのため当然に法治主義の原則に従い、法律上の根拠が必要になります。そして、強制力を加えるのが身体か財産かによって２つに分けられます。

法治主義
18ページ参照。

① 身体に対する即時強制

警察官職務執行法による保護措置や、感染症予防法による強制入院などがあります。

② 財産に対する即時強制

屋外広告物法による違法広告物の除却や、銃刀所持法による銃砲などの一時保管などがあります。

■ 違法な即時強制からの救済

即時強制は相手方である国民の権利・利益を強度に制約します。そのため、即時強制は法律の定めている要件を厳格に守り、かつ、必要最小限度のものでなければなりません。それでも、違法な即時強制が行われたときには、相手方は救済されることになります。強制入院のように継続している即時強制の場合は、取消訴訟を提起して即時強制自体を取り消してもらいます。また、所有物を撤去された場合のように過ぎてしまったことに対しては、国家賠償請求訴訟を提起して損害賠償を請求します。

PART4
16

行政上の制裁

行政上の義務違反に刑罰や過料が科される場合がある

■ 行政罰とは

行政はその目的を達成するために、さまざまな義務を国民に課します。多くの場合、国民は行政上の義務を守りますが、中には義務が守られないときもあります。そのようなときでも、義務違反者を漫然と放置していると、やがて誰もが義務を守らなくなって、行政目的は達成されなくなってしまいます。そこで、行政上の義務違反者に対して不利益を科す行政上の制裁があります。行政上の制裁でおもなものは**行政罰**です。行政罰とは、行政上の義務違反者に対して科される罰をいいます。

行政罰は、一見、罰という点では刑事罰に似ています。しかし、刑事罰は刑法で規定されている、殺人罪や強盗罪といった反道徳的・反社会的な行為に対して科されます。

これに対して、行政罰は、法律や行政行為によって課せられた行政上の義務に違反した者に対する制裁です。なお、行政上の義務違反を行政犯といいます。

行政罰は、行政刑罰と秩序罰の２つに分けられます。

①　行政刑罰

行政刑罰とは、刑法に規定されている懲役刑・罰金刑などの刑罰を内容とする行政罰です。行政刑罰も刑罰の一種です。ですから、刑法で規定されている刑罰と同じように、あらかじめ法律によって規定されていなければなりません（罪刑法定主義）。また、刑罰を科される者は、理由を告知されて弁解をする機会を与えられなければならないので、刑事訴訟法の定める手続きに従って行政刑罰も裁判所で科されます（適正手続き）。

罪刑法定主義

刑法上の原則である。国民に対して、いかなる場合に刑罰が科せられるのかを明確にするために、犯罪および刑罰は、あらかじめ法律で定められていなければならないという原則をいう。

行政上の制裁とは

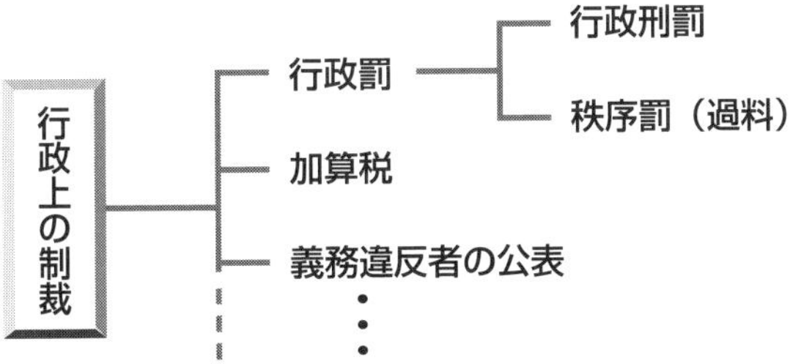

ただ、行政では大量に発生する義務違反者を扱うことが多いので、通常の刑罰よりも簡略した手続きが特別に用意されています。交通違反者に対する反則金の制度は、反則金さえ納付すれば刑事手続きを経て刑罰を科されなくてもすむ制度です。このように行政上の制裁として、刑罰を科すことはためらわれがちで、行政刑罰は機能不全に陥っているともいわれています。

交通事件即決裁判手続き

50万円以下の罰金と科料が科される交通事件では、異議がなければその日のうちに裁判が終了するという、交通事件即決裁判手続きも存在する。しかし、交通反則金制度が機能している現在では、この制度は全く使われていない。

②　秩序罰

秩序罰とは、行政上の秩序違反に対して科される行政罰です。具体的には過料といって、一定期間内に科せられた金額を納付しなければなりません。反道徳的・反社会的な程度は低いので、刑罰ではなく、刑事訴訟法の手続きは適用されません。したがって性質が異なるため、刑罰と秩序罰を同時に科すこと（併科）も許されると考えられています。

■ 行政罰以外の制裁

行政上の制裁は、行政罰に限られるわけではありません。それ以外にも、租税の滞納に対する加算税、義務違反者の公表、給付（行政サービスなど）の拒否、授益的行政行為の撤回（社会保障給付の打切り）などがあります。なお、水道給付の拒否が許されるのかについては議論があります。

行政上の制裁と義務履行の確保との関係

その他の行政上の制裁として、本文に記載した加算税、義務違反者の公表、給付の拒否、授益的行政行為の撤回などは、行政上の義務の履行を確保する手段としても機能している。

Column

行政行為の理由の追加・差替えの是非

瑕疵ある行政行為について、行政行為のもとになった理由を追加・変更することによって、その行政行為の効力を維持することができないかどうかが「行政行為の理由の追加・差替え」という問題です。

瑕疵ある行政行為の効力を維持しようとする方法としては、違法行為の転換があります。違法行為の転換は、ある行政行為としては瑕疵がありますが、他の行政行為としては、効力を認めても差し支えないといえる場合に認められる手法です。つまり、違法行為の転換を経て、行政行為の性質が変わります。これに対して、行政行為の理由の追加・差替えは、問題になっている行政行為の性質は同一のまま維持したまま、理由のみを追加・差替えを行うことで、瑕疵のない行政行為として扱おうとする手法です。違法行為の転換とは、似て非なる解釈手法であるということができます。

裁判例では、一般国民に格別の不利益を与えるものでなければ、理由の追加・差替えが認められる場合があるという立場が採られています。とくに、国民にとって不利益になる行政行為が行われる際には、理由が示される必要があります（理由の付記）。これは、行われようとする行政行為が、行政側の自由のままに（恣意的に）行われるのではなく、明確な根拠の下に行われていることを示すとともに、国民側に理由を知らせることで、自らに下された処分について、後に不服を申し立てる際に、その足がかりにすることが目的です。したがって、理由を追加したり差し替えることによって、理由が付記される趣旨を無意味にする場合でなければ、理由の追加・差替えは認められると考えられています。

なお、学説上、裁判例と同様に理由の追加・差替えを一般的に認めるという立場もありますが、理由付記の制度を無意味にするため、認めるべきではないという見解も主張されています。

PART 5

行政行為以外の行為形式

PART5
1

行政行為以外の行為形式

行政計画①

行政活動を合理的に行うために目標を設定し遂行する

■ 行政計画はどのように決められるのか

行政行為は、直接に相手方である国民に対して権力的に作用して、法的効果を発生させるので、行政法の中でも重点的に研究の対象になっています。

ただ、行政行為などの行政活動を行う前提として、長期的・継続的な観点から、行政組織の内部で計画を作ることがよく行われています。行き当たりばったりで行政活動を行っていたのでは、国民全体の福祉の向上という行政目的は達成できません。そこで、行政の合理的な遂行のために、計画が立てられるわけです。この行政機関が行政活動について定める計画またはその策定行為を**行政計画**といいます。

行政計画かどうかは、その内容によって決められます。行政計画はいろいろな観点から分類できます。設定期間によって分類すれば、長期計画、中期計画、短期計画に分けられ、対象地域によっては全国計画、地方計画、地域計画とに分けられます。その他に法律の根拠があるかどうか、法的拘束力が備わっているかどうかで分類されます。１つの計画を前提として他の計画を策定する場合があり、その場合は上位・下位に分類されます。

地域による分類

・全国計画
国土の利用に関する基本的な事項に関する計画をいう。
・地方計画
都道府県や市町村の区域における国土の利用に関する計画をいう。
・地域計画
都市計画法上の計画など特定の対象地域に関する計画をいう。

■ 行政計画の性質

行政の合理化のために行政計画が立てられるのですが、行政行為とはその性質が次の点で異なっています。

① 行政計画はまだ青写真の段階なので、その内容は行政行為に比べると抽象的です。

行政計画とは

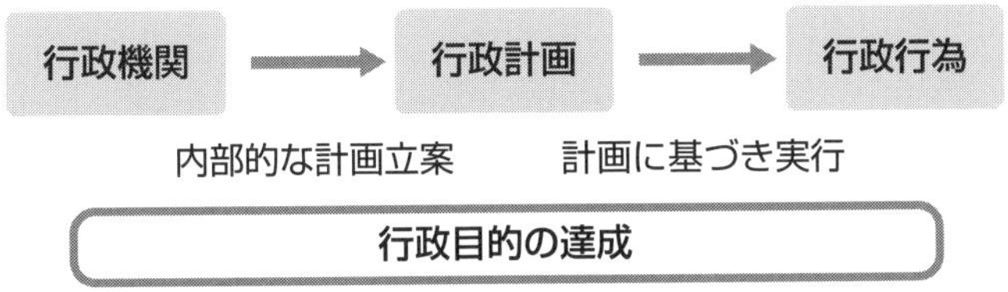

② 行政計画は、行政機関がその裁量によって内容を決定するものなので、行政裁量が比較的広く認められる領域が対象になります。ですから、租税行政などのように、法律によって要件・効果が細かく規定されている領域では、認められにくいといえます。逆に、長期的で広範にわたる都市計画・環境行政などの領域では認められやすいといえます。

③ 行政計画は、一般的に行政組織の内部的な行為です。この点で、外部に対して作用する行政行為よりも、内部の命令である訓令・通達に似た性質をもっています。ただ、この性質のために、後述する取消訴訟による救済が難しくなります。

■ 行政計画に対する規制と救済

行政計画のもつ、内部的・抽象的な性質のため、その規制や国民に対する事後的救済は難しくなっています。

① **事前の規制**

事前の規制としては、計画段階で行政の外部から国民を参加させる手段として、公聴会を開催したり、有識者などからなる審議会を設置したりしています。

② **事後的救済手段**

裁判所への取消訴訟の提起が考えられます。

租税行政

個別分野の行政作用のうち、とくに租税に関わる国や地方公共団体の作用を表す言葉として用いられる。

事後的救済

行政手続法に定める手続きに関する規定などは、違法な行政活動が生じることを防ぐ効果があり、事前救済と呼ばれる。これに対して、違法な行政活動が行われた後に、訴訟などによりその行政活動の効果を消滅させるための制度を事後的救済という。

行政計画②

行政計画について取消訴訟では原則として争えない

■ 行政計画に法律の根拠は必要か

行政計画には、さまざまな性質のものがあり、行政計画に法律の根拠が必要かどうかは、その行政計画が私人の権利や義務に影響があるかどうかで個別に決められます。基本的には単なる事実行為にとどまる場合が多いので、法律の根拠は不要です。

しかし、行政計画で私人に対して法的拘束力をもつような拘束的な計画を策定する場合には、法律の根拠が必要です。

■ 行政計画について訴訟で争うことができるのか

行政計画については取消訴訟で争えるのかということについては、計画の性質によって変わります。定められた計画に基づいて将来具体的な事業が行われるということが予定されていて、計画を決定することが一連の手続きの中間段階でなされ、完結するものではないような場合には、取消訴訟の対象にはならないと考えられています。取消訴訟の訴訟要件である処分性は、直接的に権利義務関係に変動を与えるような行政活動のみが満たす要件です。そのため、後に権利・義務に変動を与える、具体的な行政行為が行われる前段階の行為（中間行為）である行政計画は原則として取消訴訟の対象外です。

一方で、定められた計画に基づいて将来具体的な事業が行われることが予定されておらず、それより後には争うことができない場合には取消訴訟の対象になるとされています。たとえば、都市計画法８条に定められた都市計画法上の用途指定は、用途指定によって建物に種類、容積率、建ぺい率などの規制を受け

用途指定

都市計画法において用途地域は、住居・商業・工業など市街地の大枠としての土地利用を定めるもので13種類に分類され、用途地域が指定されると、それぞれの目的に応じて建てられる建物の種類（用途）が決められる。これにより、良好な市街地環境や機能的な都市活動を確保することが目的である。

法律の根拠の要否と取消訴訟の可否

るので、取消訴訟の対象になるとされています。

また、第二種市街地再開発事業計画は、その決定・公告によって、土地収用法上の事業認定に代わって事業者に収用権限を与えるものなので、取消訴訟の対象になるとされています。

■ 判例の新たな動き

最高裁判所は、用途地域の指定は、直接、特定個人に向けられた具体的な処分ではないことから、取消訴訟の対象にはならないとしています。この判例に対しては、計画が公告されたときには、行政行為と同じように国民の権利・利益を制限するので、計画の段階で救済を認めなければ遅すぎるのではないかとの批判があります。なお、最高裁は、土地区画整理事業計画についても、事業計画が一般的・抽象的であること、事業計画に基づく効果は公告の付随的効果にすぎないこと、また、紛争として成熟していないということを理由として取消訴訟の対象にはならないとしてきました（いわゆる青写真判決）。

しかし、最近になって、一度計画の決定がされると、事業がそのまま進んで換地処分が行われることになり、その換地処分の取消訴訟を提起しても事情判決などを理由に解決が図られないという可能性も高く、救済手段として不十分であるために、土地区画整理事業計画に対する取消訴訟の提起を認め、従来の判例を変更しました。

公告

ある事項を広く一般に公開し、知らせること。ここでは行政機関が公的な事項を広く一般に知らせるために公告をすること。

青写真判決

土地区画整理事業計画が策定されても、それは問題になっている事業の抽象的な見通し（青写真）が示されたにすぎないと考えられている。したがって、個別具体的な効果をもたらすものではないため、判例において取消訴訟の処分性の要件が認められなかった。そのため、青写真判決と呼ばれている。

行政契約①

行政機関が行政目的達成のために私人と対等な立場で締結する契約

■ 行政契約とは

行政機関が目的を達成するためには、一方的に法的効果を発生させることができる行政行為がよく利用されています。ただ、法治主義の原則から、権力的な行政行為を行うためには、法律上の根拠が必要です。そのため、法律が制定されていない領域で行政活動を行い、目的を達成するためには、行政行為を手段とすることはできません。また、行政行為を発動することができても、後々の相手方の協力の必要性を考えると、穏当で非権力的な方法をとった方がよい場合もあります。さらに、何かを給付する場合なども権力的な方法は向いていません。

一方、国・地方自治体の間で協力して行政目的を達成しようとする場合も、非権力的な方法が有効です。

そこで、国民同士が契約を結んで法的関係を発生させるように、行政体と国民の間または行政体相互の間で契約を締結して、行政目的を達成するケースがよく見られます。

このように、国・地方自治体などの行政体がその活動の過程において締結する契約を**行政契約**といいます。行政契約は、一方的な行政行為とは異なり、当事者の合意によって具体的な権利義務関係を作り出す方法です。

■ 行政体と国民の間の行政契約

行政契約のほとんどは行政体と国民の間で結ばれますが、種類としては以下のようなものがあります。

① **規制をするための行政契約**

行政契約の種類

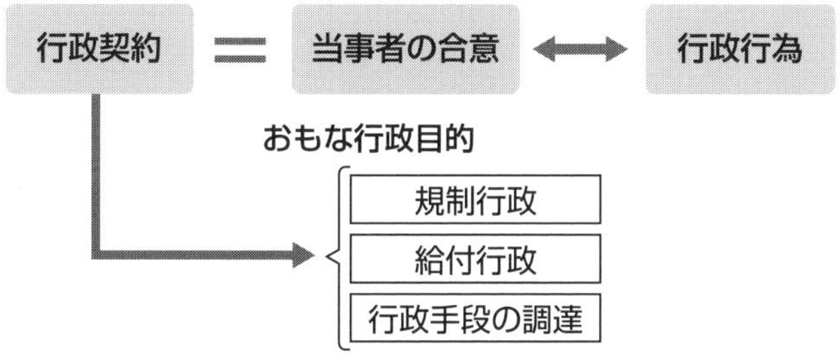

基本的には規制行政は社会秩序の維持が目的で、国民の自由や財産を制限する場合があるため、行政行為の形で行われるのが通常です。しかし、法律の根拠がなかったり、より穏当な方法が妥当な場合には、行政契約を結ぶ方法が選択されます。著名なのが公害防止協定です。

② 給付行政のための行政契約

給付行政は、国民の自由や権利を制限するものではないので、行政契約の形で行われます。たとえば、公営住宅といった公共施設や電気の供給契約、水道などの公共企業の利用関係のために、住民と行政体の間で契約が結ばれることがよく見られます。

③ 行政手段調達のための行政契約

行政がその活動を行うためには、人的手段・物的手段を調達する必要があります。そのため、公務員の雇用契約を結んだり、物品の購入契約をしたり、公共事業請負の契約を結んだりします。

■ 行政体相互の間の行政契約

国と地方自治体または地方自治体相互間で行政事務を分担するために、行政契約を締結することがあります。道路や河川の管理費を分担するための契約などがあります。

公害防止協定

116ページ参照。

給付行政

侵害行政に対する用語である。国家が積極的に国民生活に関与する福祉国家の観念に基づき、公共施設の建設など国民に利益をもたらす行政活動を指す。

行政手段調達のための行政契約

このような契約は私人間の契約と性質が同じなので、一般的には民法が適用されるが、国有財産が関わる場合には、会計法や国有財産法が適用される。

行政契約②

法律と手続規制によって適正化が図られている

■ 法律の根拠は必要なのか

行政契約は名称だけ見ると契約の一種のようなので、国民同士が契約を自由に結ぶことができるように、行政主体が自由に締結できるようにも思えます。ただ、これを自由に認めると、法律上の根拠がなくても行政が国民の権利・利益を自由に制限できるようになり、また、内容によっては行政行為以上に権力的な法的効果をもたらすこともあります。

そこで、事前の規制を施すために、行政契約の締結には法律の根拠が必要であるかという議論があります。従来は、行政契約を公法上の契約と私法上の契約の２つに分類して、公法上の契約についてだけ法律の根拠が必要であるとする見解もありました。**公法上の契約**とは公務員の雇用に関する契約のように行政に固有の契約であり、**私法上の契約**とは請負契約のように国民同士でも結ぶことができる契約です。

請負契約
民法が定める契約類型の一種。家屋の建築などのように、注文主が請負人に対して、仕事の完成を依頼して、完成に対する報酬を支払うという内容の契約。

ただ、最近では、公法上の契約か私法上の契約かの区別が困難な場合が多いため、それぞれの行政契約の性質に照らして、法律の根拠が必要かどうかを判断する見解が有力になってきているようです。

■ 行政契約の規制

法律の根拠とは別に、行政契約の内容や締結の手続過程に規制を施すことによって、行政契約を適正にする努力がなされています。

まず、民法や商法といった私法を適用して、内容が適正なも

行政契約と法律上の根拠

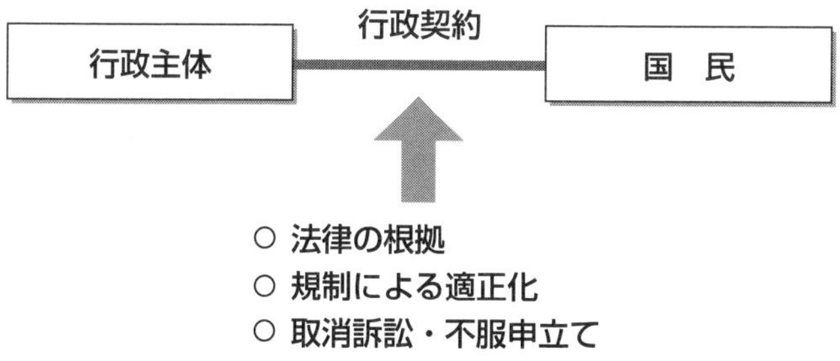

のとなるように規制をします。その一方で、国民同士の契約とは異なるので、平等原則といった憲法で規定されている法原則の適用も受けます。

　また、地方自治体が行政契約を結ぶ場合には、議会の承認が必要とされていることがよくあります。

平等原則

憲法14条が規定する法の下の平等から導かれる原則をいう。つまり、行政側が合理的な理由もなく、国民を差別することは禁止されるという考え方である。

■ 訴訟で争う方法

　国民同士が契約を争う場合には、通常は、民事訴訟を提起して争います。行政契約も一見契約であることから、不満のある国民は民事訴訟を提起して争うようにも思われます。ただ、水道事業などのように相手方が膨大な数の場合は、いちいち民事訴訟の場で争っていたのではきりがありません。また、いつまでも法的関係が安定しないのでは、行政の目的も達成できません。このため、行政契約に不満のある相手方は、行政機関に対して不服申立てをするか、行政事件訴訟法に従って取消訴訟を提起するように法律で規定されていることもあります。このように、本来は契約の性質をもつ行政契約で、不服申立てや取消訴訟の手続きをとるように法律によって定められているものを**形式的行政処分**といいます。

形式的行政処分

行政処分は本来、行政側が一方的に権利関係を変動させる行為をいう。したがって、本文記載のように、必要がある場合に例外的に、本来行政処分とはいえない活動を、行政処分であると解釈する（形式を整える）ために、形式的行政処分と呼ばれている。

PART5
5

行政行為以外の行為形式

公害防止協定

公害防止のため地方自治体と事業者が締結する

■ 公害防止協定はなぜ必要なのか

公害防止協定とは、地方自治体や国の機関が法令の不備を補うため、公害防止を目的として、公害の発生原因となりうる事業を行う事業者と締結する協定です。また、地方公共団体が設置する清掃工場などに関して、住民団体などと締結する場合もあります。

公害防止協定では、法令の規制基準などを補ったり、地域の実情に合わせて公害防止のための目標値を設定したり、公害発生を防止するための具体的な対策を明示することなどがその内容となっています。たとえば、企業が地方自治体に対し、工場などからの排出物質のデータを公開することなどを約束したり、有害物質の排出に規制がかけられたり、立ち入り検査を行うことを求められたりすることもあります。

このような取り決めは、1970年代、国レベルで公害防止のための法律が制定されていなかったり不十分だったときに公害防止のための実効性を確保するために締結されました。

簡便で使い勝手がよいということで、広く利用されていました。

■ 公害防止協定の法的効果

公害防止協定の法的効果については、拘束力を認めるかどうかで見解が分かれています。公害防止協定は、企業の事業活動を制限するものなので、自由権が制約されます。法律や条例に基づかずに権力的規制を認めることになってしまうので、法的拘束力のない単なる紳士協定とする見解もあります。

紳士協定

当事者がお互いに、相手方が取り決めの内容を守ることを信用して結ぶんだ協定をいう。一般に法的効果はなく、その効果は事実上の効力にとどまると考えられている。

公害防止協定とは

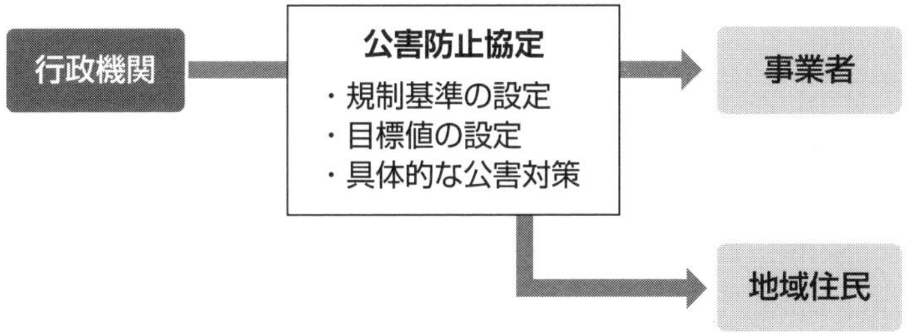

しかし、公害防止協定の目的は、地域住民の生命や健康という代えがたいものを守るということにあります。一方で、企業の事業活動の自由は、すべての事業が禁止されるわけではなく、無制限に行わない、という制限にとどまっています。さらに、企業は地方自治体との関係で特別に弱い立場にあるわけでもなく、事業活動を制約することについて、相手方である事業者が真に同意していれば契約として法的拘束力を認めてよいのではないかという見解もあります。

もっとも、公害防止協定に法的拘束力を認める見解の中でも、契約の内容になっているのであれば、立ち入り検査や排出基準を上回るような規制でも受け入れなければならないという見解と、契約によって公権力を創り出すようなことは認められず、そのため、公害防止協定の中で地方自治体などの職員の立ち入り検査権について定めたり、代執行や直接強制、罰則を設けたりすることは許されないという見解があります。

このような場合、契約はあくまで民事的な方法（民事訴訟や民事執行法上の強制執行など）によってのみ担保されることになります。

行政指導①

行政機関が相手方の任意の協力の下で行う処分にあたらない事実行為

■ 行政指導とは

行政目的を達成するための典型的な手段としては、一方的に相手方に対して法的効果を発生させることができる行政行為の他、相手方との合意に基づいて法的効果を発生させる行政契約があることを学びました。行政契約は相手方にとって任意である点が、行政行為と大きく異なるところです。

そして、行政契約と同様の非権力的な行政活動として、行政指導があります。**行政指導**とは、行政機関が国民や他の行政主体などに働きかけて、その任意の協力を得て、一定の行政目的を達成しようとする事実上の行為です。行政目的を達成する上で法律の根拠がなかったり、行政行為を行う前に穏当な方法で目的を達成したい場合などに、よく使われる手段です。

なお、行政手続きについて規定している行政手続法では、行政指導を、「行政機関がその任務又は所掌事務の範囲内において一定の行政目的を実現するため特定の者に一定の作為又は不作為を求める指導、勧告、助言その他の行為であって処分に該当しないもの」と規定しています。

行政指導についての規定

行政手続法２条６号が、行政指導に関して、本文記載のように定義を置いている。また、同法32条以下で、具体的な行政指導に関して、遵守すべき手続きを規定している。

■ 行政指導の性質

行政指導は次のような性質をもっています。

① **非権力的である**

行政指導は非権力的です。つまり、行政行為のように強制的なものではなく、行政契約のように相手方の任意の協力を求めるものです。

行政指導の種類

行政指導

- **①国民に対する行政指導**
  - ・公害発生事業者に対する勧告や独占禁止法違反者に対する勧告（規制的行政指導）
  - ・児童福祉のための保護者に対する指導のような授益的行政指導（国民に利益を与えることになる行政指導）
  - ・マンション建築をめぐる付近住民と建築主の間をとりもつ行政指導（調整的行政指導）
- **②他の行政主体または行政機関に対する行政指導**
  - 各大臣などが地方自治体に対して技術的な助言・勧告を行うことを、地方自治法が規定している

ただ、強制的ではなくても実効性を担保するために、行政指導に服従しない者に対する制裁が法律によって定められていることがあります。服従しない者の公表、業務停止命令、給付の停止・廃止といった制裁が付随していることがよくあります。

②　事実的である

行政行為が行われると、相手方に法的な義務が課せられたり、権利が発生したりします。しかし、行政指導が行われただけでは、相手方に権利や義務といった法的効果は発生しません。この意味で行政指導は事実上の行為といわれています。

③　具体的である

具体的で方向性をもった行政目的を達成するために、行政指導は行われます。

■ 行政指導の種類

行政指導はさまざまな分野で多用されています。その種類は大きく分けて、上図のようなものがあります。

調整的行政指導

上図中にでてくる調整的行政指導とは、一方にとって規制的行政指導であり、他方にとって授益的行政指導である。

行政指導②

法律の根拠と行政手続法によって適正化が図られている

■ 法律の根拠は必要なのか

行政指導は、その時々、その相手方に応じて、臨機応変な行政活動を可能にする点で、かなり有効な行政目的達成のための手段といえます。しかも、行政行為とは異なって非権力的なので、相手方にとってソフトで無理のない働きかけが可能になります。ただ、相手方が行政指導に従わない場合に、行政機関が指導を繰り返して容易に許認可を与えなかったり、直接関係のないところで不利益を課したりすることも、なきにしもあらずです。そこで、行政指導についても、法律の根拠が必要ではないかという点が議論の対象になっています。

この問題については、24ページで説明した侵害留保説・権力作用留保説・全部留保説・完全全部留保説などの考え方によって、結論が異なります。行政指導が非権力的であることに着眼すると、権力作用留保説からすれば法律の根拠は不要になります。侵害留保説からすれば、授益的行政指導については法律の根拠は必要ありません。ただ、行政指導といっても制裁がつけられていることもあります。実際に相手方に対して生じる作用もさまざまです。それぞれの行政指導の実体を検討して、法律の根拠が必要か否かを判断すべきでしょう。

授益的行政指導
行政行為の分類方法のひとつとして、侵害的行政行為と授益的行政行為の区別がある。侵害的行政行為とは、国民の権利を制限する、または義務を課す行政行為をいう。これに対して授益的行政行為は、補助金の交付など何らかの利益を与える性質の行政行為をいう。

■ 行政手続法による規制

行政指導については、個別の法律によるいくつかの規制はありましたが、一般的な法律による規制は行われていませんでした。そのため、行政指導の手続きでも、トラブルが発生して問

行政指導と法律上の根拠

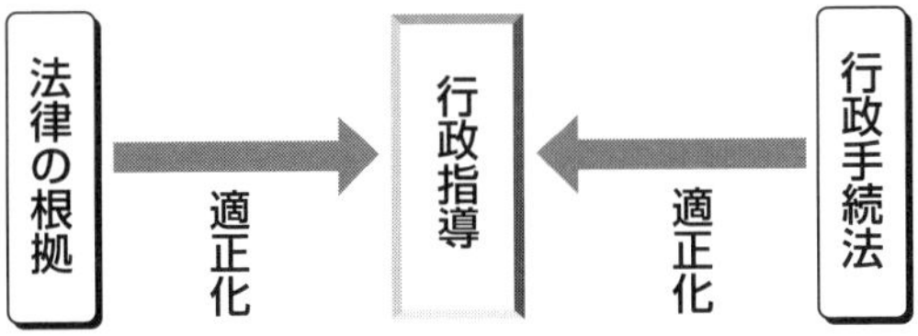

題が表面化することがありました。

そこで、行政手続法が制定されて、行政運営における公正の確保と透明性の向上を図り、それによって国民の権利利益の保護を充実させることになりました。行政手続法では、以下のように行政指導に対する規制を行っています。

① 行政指導に携わる者は、当該行政機関の任務または所掌事務の範囲を逸脱してはならない。

② 相手方が行政指導に従わなかったことを理由として、不利益な取扱いをしてはならない（不利益取扱いの禁止の原則）。

③ 申請者が行政指導に従う意思がない旨を表明したにもかかわらず、当該行政指導を継続することなどにより、申請者の権利の行使を妨げてはならない。

④ 相手方に対しては、行政指導の趣旨・内容・責任者を明確に示さなければならない（明確性原則）。

⑤ 行政指導が口頭でなされた場合において、相手方の要望があれば、行政指導の趣旨・内容・責任者を記載した書面を原則として交付しなければならない。

⑥ 行政指導をする際、行政機関が許認可等をする権限または許認可等に基づく処分をする権限を行使できる旨を示すときは、根拠となる法令の条項・法令の定める要件・権限行使が要件に該当する理由を明示しなければならない。

行政指導③

行政指導について裁判で争うのは簡単ではない

■ 違法な行政指導からの救済

もともと行政指導は、法的な規制が行われていない領域で行われていたために、それによって相手方である国民が不利益を被ったとしても、そのまま泣き寝入りするケースがよくありました。一見ソフトな形で行われていた行政活動でしたが、明確な位置付けもなされていなかったため、責任の所在もハッキリとせずに、不明朗な行政が行われることも珍しくありませんでした。しかし、それでは法治主義に反することになるので、法律の根拠が問題とされたり、行政手続法が制定されて手続的な規制が課せられるようになりました。そのため、違法な行政指導を受けた者が救済を受けられる可能性が広がりました。

■ 行政指導の取消訴訟の対象

違法な行政指導を受けた場合の救済手段として、まず考えられることは、行政事件訴訟法の定める取消訴訟を提起して、その行政指導を取り消すことです。

ここで問題になるのは、取消訴訟が対象としているものが「行政庁の処分その他公権力の行使にあたる行為」であるという点です。これは、国民の権利義務に直接に影響を与えるものであると考えられています。しかし、行政指導は、直接には相手方である国民の権利・義務を発生させる処分としての性質をもたない事実的行為です。さらに、建前上は相手方が任意に従うことを期待する非権力的な行政活動です。ですから、形式的に考えると、行政指導は取消訴訟の対象とはならないはずです。

取消訴訟の対象になるとする見解もある

行政指導の中には指導に従わない相手方に対して、公表・給付の停止（廃止）・業務停止といった制裁を、法律上認めているものもある。それらの行政指導は実質的に見ると、相手方にとって従わなければならないものといえる。そこで、公権力の行使にあたる行為として取消訴訟の対象になるとする見解も有力になってきている。

行政指導を取り消すことができるか

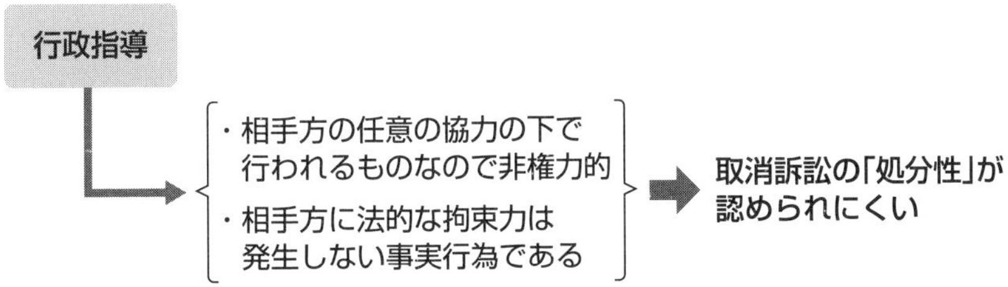

■ その他の訴訟による救済方法

違法な行政指導を受けた場合の国民の救済手段として、次に、無効等確認の訴えを裁判所に提起することが考えられます。

取消訴訟の場合と同様に、行政指導が「処分」に該当するかについては争いがあります。

仮に行政指導の処分性を肯定しても、行政指導の無効等確認の訴えが認められるかどうかはさらに慎重に判断する必要があります。なぜなら、行政指導の無効等確認の訴えは、過去の法律関係を対象とし、現在の紛争解決に役立たない場合も多いからです。民事訴訟においても、確認の訴えの訴訟要件は厳格に解され、原則として、争われている自己の現在の権利・法律関係の確認を対象とする場合に、確認の利益（訴訟要件）が認められ、過去の法律関係は確認の対象になりません。

同様に、無効等の確認の訴えにおいても、処分の無効を主張する法律上の利益を有する者で、現在の法律関係に関する訴えでは目的を達することができない者に、原告適格が認められると考えられています。

行政指導の無効を確認することにより、無効な行政指導から派生した現在の紛争を、抜本的に解決できる場合にのみ、行政

確認の訴え

民事訴訟の類型のひとつであり、原告が特定の権利・法律関係の存在または不存在の確認を求める訴訟をいう。たとえば、親子関係の確認の訴えなどが挙げられる。

事件訴訟法36条の「法律上の利益を有する者」として、原告適格を認めるべきでしょう。

■ 国家賠償請求訴訟の対象とは

同じようなことは、違法な行政指導に対する国家賠償請求の場合にもあてはまります。取消訴訟が行政指導そのものを消滅させるための手続きであるのに対して、国家賠償請求訴訟は被った損害を金銭によって賠償してもらうための手続きです。

国家賠償請求訴訟の対象は、公務員による違法な公権力の行使です。そのため、取消訴訟の場合と同様に、実質的に見て、相手方が従わなければならないような行政指導は対象になると考えられます。それ以外の行政指導についても、「公権力の行使」を広く行政作用一般を含むものと解釈すれば、非権力的な行政行為の場合であっても国家賠償請求訴訟の手続きによって救済されると考えられています。

これに対して、非権力的な行政指導については、損害賠償請求をする者は国民同士の損害賠償請求の場合と同様に、民事訴訟法の手続きに従って損害賠償を請求すべきとする見解もあります。

■ 違法な行政指導の中止等を求める制度について

行政指導が不服申立ての対象となるかについては争いがあり、また、対象になるとしても限定的なものです。これでは、行政指導による国民の権利・自由に対する侵害可能性が高まっている昨今の状況下では、救済手段が不十分であると言わざるを得ません。そこで、行政手続法により、違法な行政指導の中止等を求める制度が認められています。

行政手続法36条の２第１項は、「法令に違反する行為の是正を求める行政指導（法律に根拠があるものに限る）の相手方は、当該行政指導が該当法律に規定する要件に適合しないと思料す

行政指導に対する取消訴訟など

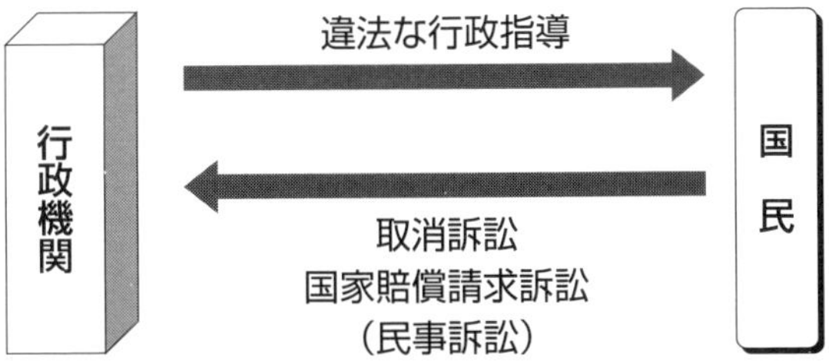

るときは、当該行政指導をした行政機関に対し、その旨を申し出て、当該行政指導の中止その他必要な措置をとることを求めることができる」と規定しています。

たとえば、違法な行政指導を受けた者は、この制度を利用してその中止を求めることにより、自己の権利・自由の救済を図ることができます。

この申出がなされると、行政機関は必要な調査を行い、行政指導が法律の要件に適合しないと認めるときは、行政指導の中止その他必要な措置をとらなければなりません。

■ 行政指導を求める制度について

行政手続法36条の３第１項は行政指導を求める制度を定めています。この制度は、行政の不作為に対する救済手段を認めたものと考えることができます。たとえば、公害が発生しているにもかかわらず、行政が必要な行政指導を行わない場合に、住民は、行政指導を求める制度を利用して、行政対応を促す事ができます。

この申出がなされると、申出を受けた行政機関が必要な調査を行い、必要があると認めるときは、行政指導その他必要な措置をとらなければならないとされます。

行政手続法36条の３第１項の規定

「何人も、法令違反の事実がある場合において、その是正のためにされるべき処分又は行政指導（その根拠となる規定が法律には置かれているものに限る）がされていないと思料するときは、当該処分をする権限を有する行政庁又は当該行政指導をする権限を有する行政機関に対し、その旨を申し出て、当該処分又は行政指導をすることを求めることができる」と規定している。

行政調査①

行政機関の行う情報収集活動

■ 行政調査とは

行政調査とは、行政機関が行政目的を達成するための予備的な活動として必要な情報を収集する活動のことをいいます。行政行為等は、国民の権利・義務に重大な影響を与える行為です。したがって、十分な情報に基づいて行われる必要がありますので、必要な情報を取得できる制度が整えられています。

行政調査は、法律の根拠なくして行える任意調査と、法律の根拠が必要な強制調査に分類されており、関係人に対して書類を任意に提出するように求めたり、工場、事業場、家宅に立ち入って半ば強制的に調査して情報を収集することまで幅広く行われています。

■ 任意調査とは

任意調査は、調査を受ける人の任意の協力の下に行われるもので、たとえば、新しい制度を作る際にパブリックコメントを求めるようなものが挙げられます。

任意調査の場合には、法律の根拠は必ずしも必要ないとされていますが、任意調査だからといって無制限に許されるのではなく、実体法、手続法上の制約を受けます。たとえば、犯罪の捜査のために行政調査をすることは許されません。

また、行政調査は行政手続法の対象にはなっていませんが、個別法によって、手続きが定められている場合があり、事前の通告が必要なもの（消防法４条１項・４条の２）、居住者の承諾が必要であるもの（建築基準法12条６項）、調査の際に裁判

パブリックコメント

行政機関が国民の意見を聴きいれて、行政活動を行うことを指す用語。わが国の行政手続法は、意見公募手続きとしてパブリックコメント制度を導入したといわれている。

実体法・手続法

実体法とは、具体的な法律関係を定めた規定をいう。たとえば、民法や商法が挙げられる。これに対して手続法は、実体法の内容が実現されることをめざして、訴訟などの手続きを定めた規定を指す。

行政調査の分類

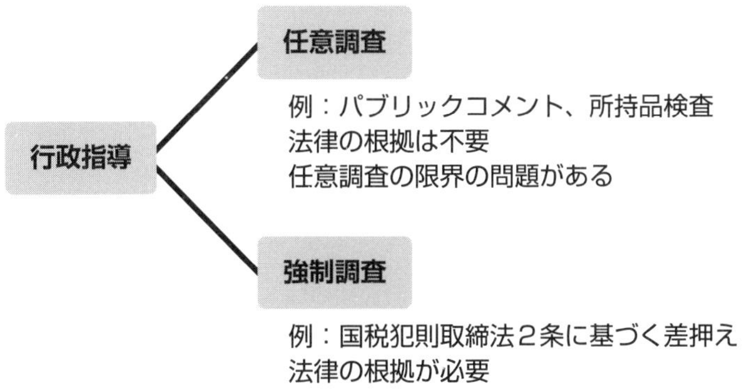

官の令状が必要なもの（国税犯則取締法２条４項、出入国管理法31条４項）があります。

■ 強制調査とは

強制調査は、調査を受ける人には調査に応じる義務があり、相手方の抵抗を実力行使によって排除してでも行える場合や応じない場合には罰則を科すことができる場合があります。たとえば、国税犯則取締法２条による臨検・捜索・差押えの犯則調査が挙げられます。

また、生活保護法では罰則ではありませんが、調査に応じないと保護が却下されたり、停止されたりするなどのペナルティが課されています。さらに所得税法上の質問検査等は、拒否すると懲役や罰金といった刑罰が科されます。強制調査は、国民の自由な権利を制限するもので、人権を侵害するおそれが高いため、法律の根拠が必要です。

臨検

立入検査のこと。本文記載の通り、国税犯則調査において、収税官吏等が、調査に必要な場所に強制的に立ち入って検査を行い、反則事実の有無を確かめる目的で行われる。

PART5
10

行政行為以外の
行為形式

行政調査②

行政手続法の適用除外だが、刑事手続きの規定の保障は及びうる

■ 行政調査の手続きに関するルール

行政調査の手続きについて、一般的に規制するような法律はありません。行政手続法には、行政手続法の適用除外であると規定されています（行政手続法３条１項14号）。これは、事案の性質上行政手続法を一律に適用するのがふさわしくないと考えられたためです。

一方で、刑事手続きに関する令状主義（憲法35条）、供述拒否権（憲法38条）の規定は行政手続きにも適用があるとされています。しかし、具体的な手続きのあり方については、行政庁に広い裁量が認められており、調査の必要と相手方の利益との比較で合理的な範囲において職員に選択が委ねられています。したがって、上記の適正手続きに配慮した憲法上の規定に基づく措置が、行政手続きにおいて十分に保障されていなくても、直ちにその行政活動が違法になるわけではありません。あくまでも、行政活動に対して、刑事手続きの規定が適用されることは排除されないと考えられているにすぎないことに注意が必要です。

■ 適正手続きとの関係

行政処分の準備として行政調査が行われ、行政調査に引き続いて行政処分が行われる場合があります。基本的には、行政調査と行政処分は別個と考えられますが、手続きが一連のものと捉えられるような場合があり、このような場合には、行政調査に違法な点があれば適正手続き（憲法31条）の観点から、続く

令状主義
逮捕や捜索・差押え等の強制処分を捜査機関が行う場合には裁判官の作成する令状が必要であるとする原則（憲法33条、35条）。

供述拒否権
被疑者や被告人、証人が、自己の意思に反して供述することを拒むことができる権利のこと（憲法38条１項）。

適正手続き
人権保障を担保するために、適正かつ公正な手続きの下で人権の制約はなされなければならないとすること。適正手続きは、憲法31条で保障されている。適正手続きが保障されるためには、告知・聴聞の機会が保障されることも求められる。適正手続きの保障は、刑事手続きも含めた司法手続きだけでなく、行政手続きについても求められることがある。

刑事手続きと行政調査の関係

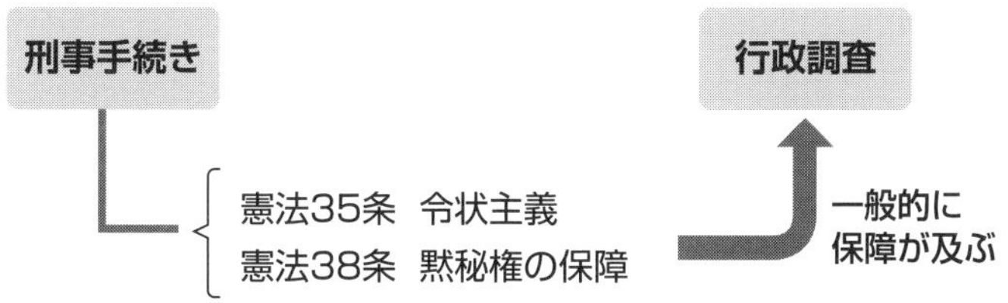

行政処分も違法になります。

　また、事前通知、意見書提出の機会の付与など、個別の法律で手続きが定められているものもありますが、これは憲法の適正手続きの要請とまでは考えられていません。最高裁も、調査日時・場所・調査目的の告知といった手続きは、「調査の必要があり、かつ、これと相手方の私的利益との衡量において社会通念上相当」とされる限り、権限ある職員の合理的な選択に委ねられるとしています。

■ 犯罪捜査との関係

　行政調査は、法律や条例の定めた目的の範囲内で行うとされており、犯罪捜査のために行政調査をすることは許されません。緩やかな手続きで実施できる行政調査の名目で、犯罪捜査を行うことを防ぐ目的です。それは犯罪捜査が、人権を侵害しないように慎重な手続きが定められているからです。

　もっとも、警察官による所持品検査や酒気帯び運転の検問では、収集された証拠資料は、後で覚せい剤取締法や、交通違反などの犯則事件の証拠として利用するということが予想されます。しかし、それだけで、行政調査が違法ということにはなりません。

Column

行政指導と許認可等の留保

行政指導が問題になる場面は本文でとりあげた場合だけではありません。たとえば、建設業者が建築確認申請を行っていますが、行政側がこの工事を行わせたくないために行政指導を行い、この行政指導に建設業者が従わないために、長期間にわたって、建築確認が保留されている場合です。この場合、行われている行政指導の内容が適法であっても、私人である建設業者は、長期間にわたって建築工事に着工できない状態で放置されてしまうという不利益を受けます。そこで、適法ではありますが、行政指導によって許認可等が長期間にわたって留保されてしまっている状態から、私人を救済することはできないかという問題が、論じられるようになりました。

行政指導に関する行政手続法の改正に影響を与えたともいわれている事例において、裁判例は、私人側が行政指導には従わないという意思を、「真摯かつ明確に意思表示している」場合には、それ以後に行った行政指導は違法になるという立場を示しました。したがって、上記の建築確認申請の例で、建設業者が、行政指導に従うつもりがないことを行政側に伝えれば、それ以後、行政指導を行っていることを理由に、行政側が建築確認を行うことを保留することは許されないことになります。これによって、建設業者は、建築確認が行われないまま、長期間にわたり放置されることはなくなります。

もっとも、裁判例においては、いかなる場合であっても、私人側が行政指導に従わないことを示せばよいと考えているわけではありません。周辺住民などの安全や健康を脅かす危険があるために行政指導が行われているにもかかわらず、私人が行政指導に不協力である場合には、行政指導に従わないと意思表示したとしても、例外的に、それ以後の行政指導も違法にはならないと考えられています。

PART 6

行政手続きと情報公開

PART6
1

行政手続き①

行政手続きと
情報公開

行政活動は適正な手続きの下で行われなければならない

■ 適正手続きとは

行政法の基本原則は、法律の留保の原則でした。これは、国民の権利義務に影響を及ぼすことになる行政活動あるいは行政組織については、国民の代表者によって構成される議会が制定する法律に根拠をもたなければならないとする原則です。この原則によって、違法な行政活動による人権侵害が結果として防止されることになります。この考え方は、ヨーロッパ大陸、とくにドイツの影響を受けたものです。

ただ、結果として違法な行政が非難されることになっても、そのような行政が行われるに至る過程で違法が是正される方が、事前に国民の権利侵害を防止することができ、効果的です。つまり、行政が実際に相手方である国民に対して作用するまでの手続きの段階で、適正な手続きが行われるようにすることで国民の権利侵害を予防するわけです。この考え方を**適正手続きの原則**、つまり**デュー・プロセス**といいます。

適正手続きの原則は、イギリスの判例法によって発達した考え方で、その後にアメリカの憲法で採用されました。わが国の憲法はアメリカの憲法の影響を受けて、その31条で適正手続きを保障しています。

もともと、適正手続きは刑事事件の被疑者・被告人の手続きを想定していたものでした。ただ、行政活動が国民生活のさまざまな場面に介入するようになると、国民の権利・利益を侵害する可能性が高くなってきたので、行政活動にも適正手続きを適用すべきだと主張されるようになりました。判例にも、一定

行政手続きの憲法上の根拠

本文中に記載されている通り、行政手続きも適正手続きの要請に基づくとして、憲法31条に根拠を求める見解もある。また、憲法31条が刑事手続きに関する規定であることから、憲法13条に根拠を求める見解も存在する。

適正手続きと行政法

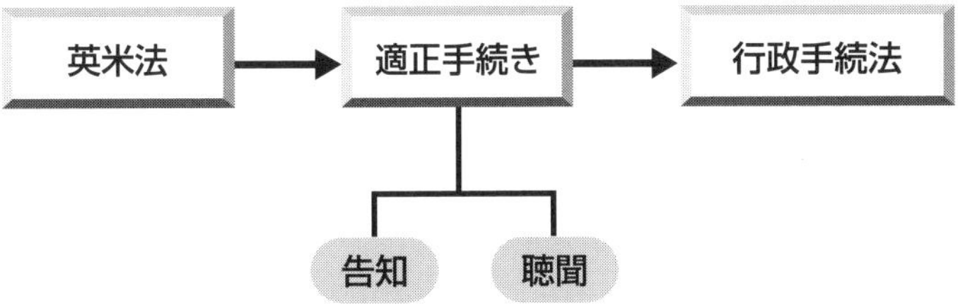

の条件の下で、行政への適正手続きの適用を肯定する見解が現れました。

行政での適正手続きの具体例は、告知と聴聞です。**告知**とは、処分などの相手方に対して、これから行おうとする処分などの内容を事前に知らしめることです。**聴聞**とは、告知を受けた相手方に対して、有利となる弁解の機会を与えることです。この告知・聴聞を実施することによって、行政庁も誤った事実認定に基づく行政活動をしなくてすむわけです。

■ 行政手続法の制定

わが国では、行政手続きの適正について、以前からかなりの議論もされており、判例でもたびたび争われてきました。他の先進国では行政手続きに関する一般法は制定されていますが、行政手続きの一般的な法律はなかなか制定されませんでした。

しかし、平成５年に**行政手続法**が制定されて、平成６年に施行されました。行政手続法は、申請に対する処分・不利益処分・行政指導・届出・意見公募手続きなどについての手続き一般の通則を規定した法律です。とくに、それまで法律によってなかなか規制されずに問題となっていた行政指導について、手続的な規制を及ぼすことになった点が画期的だといえるでしょう。

行政指導

行政行為などのように、行政が権力を行使して一方的に行政目的を実現するのではなく、指導や勧告、助言などにより、相手方の同意を得ながら行政目的の実現をめざす行政活動を指す。

PART6
2

行政手続き②

国民の権利義務に関わる行政活動は厳格な手続きを踏む必要がある

■ 行政手続法とは

適正手続きの理念を行政手続きにも適用するために、**行政手続法**が制定されました。行政手続法は、行政活動の中の処分・行政指導・届出・意見公募などに対して適用され、手続きに関する共通事項を規定した一般法です。その目的は、行政運営における公正の確保と透明性の向上を図ることにより、国民の権利利益を保護することにあります。ここでいう透明性とは、行政上の意思決定について、その内容及び過程が国民にとって明らかであることをいいます。

ただ、共通事項を定めているとはいっても、行政活動は多種多様です。そのため、他の法律で行政手続きについて特別な規定がある場合は、それが優先して適用されます。

一般法

一般法は、普通法とも呼ばれ、適用の対象をとくに限定しない法律のことをいう。対概念である特別法は、適用の対象が特定の人・場所・事項など特別なものに限られている法律のことである。特別法が適用される領域では、特別法が一般法よりも優先して適用されることになっている。

■ 申請に対する処分

行政手続法は、申請に対する処分に適用されます。申請とは、法令に基づき、行政庁の許可、認可、免許その他の自己に対し何らかの利益を付与する処分を求める行為であって、当該行為に対して行政庁が応じるかどうかの応答をすべきとされているものをいいます。そして、申請に対する処分とは、この申請に対して行政庁が行うべきである申請に応じるか否かの応答をいいます。

申請に対する処分では、おもに次のような手続きを行政庁は守らなければなりません。

① 許認可を与えるかどうかを判断するために必要な基準（審査基準）を定めて、適当な方法により公にする。

地方公共団体と行政手続法

地方公共団体の自主性確保のために、原則として地方公共団体の行為について行政手続法は適用されない。

処分について

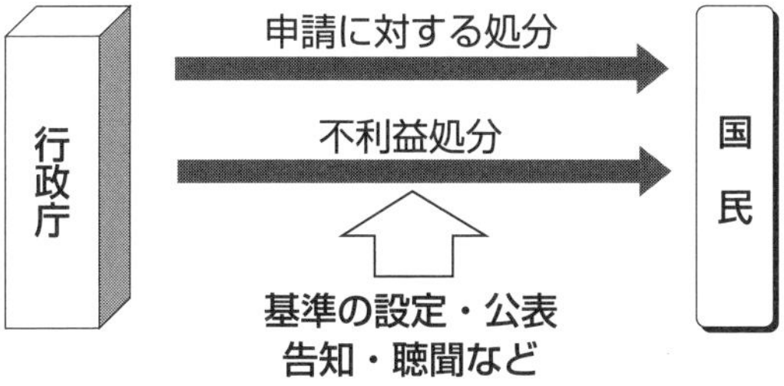

② 申請が事務所に到達してから処分をするまでに、通常要すべき標準的な期間（標準処理期間）を定めるように努力し、定めた場合には、適当な方法により公にする。

③ 申請により求められた許認可などを拒否するときは、申請者に対して、原則として、その理由を示さなければならない。拒否処分が書面でなされたときは、理由も書面によって開示する。

■ 不利益処分とは

不利益処分を行う場合は、行政庁はおもに次のような手続きをしなければなりません。不利益処分とは、行政庁が、法令に基づき、特定の者を名宛人として、直接、これに義務を課しまたはその権利を制限する処分をいいます。

① 不利益処分をするかどうかの判断基準（処分基準）をできる限り具体的に定め、それを公にするように努力する。

② 不利益処分の名宛人となるべき者に対して、予定される不利益処分の内容や根拠となる法令の条項などを、あらかじめ書面により通知する。

③ 不利益処分の程度に従って、名宛人に対して、聴聞や弁明の機会を与えなければならない。

行政手続き③

国民は違法な行政指導に従う必要はない

権力的な行政行為

行政行為の分類として、行政庁が一方的に国民の権利義務に変動を与えるような行為をいう。たとえば、営業禁止命令など不利益を与える活動が挙げられる。

■ 行政指導とは

行政目的を達成するための手段としては、権力的な行政行為にはじまり、行政計画、行政契約、代執行など、さまざまな方法があります。その中でも、行政指導はわが国の行政において、かなり多用されてきました。行政指導は、非権力的でソフトな手段であって、行政庁が相手方である国民を説得し、相手方がそれに従うことは任意です。しかも、法律による厳格な規制がない分、法律や行政行為のカバーできない分野を対象とすることもできます。つまり、柔軟で個別のケースに応じた行政目的の達成のためには、最適な手段といえます。ただ、その一方で、実際に監督官庁の指導に逆らった場合に、別の機会に不利益を被ることを恐れて、指導に渋々従うケースが多いことも否定できません。また、法律で規制されていないだけに、行政サイドの責任の所在が不明確という問題点もあります。

そこで、行政手続法は、行政指導について手続的規制を施すことによって、適正化と透明性を図っています。具体的には、行政指導をする行政庁は、おもに次のような手続きを守ることが求められています。

行政指導をする者は所掌事務の範囲を逸脱してはならず、相手方の任意の協力により行政指導の目的を実現しなければなりません。そのため、行政指導に従わないことを理由に不利益な取扱いをすることはできません。

許認可等に関わる行政指導では、行政指導に従わない意思を表明しているにもかかわらず、行政指導を継続してはいけません。

行政指導に対する手続的規制

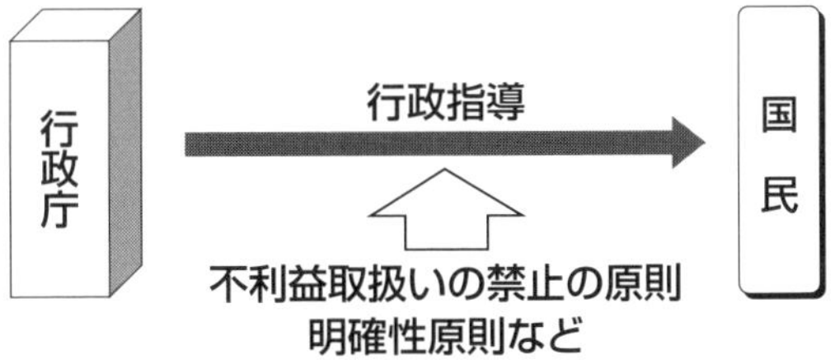

また、後に違法な行政指導について国民が争いたいと考える場合に、いかなる内容の行政指導が行われたのかが明らかになるように、行政指導の趣旨や内容を明確にして、相手方の求めがあれば書面を交付する必要があります。

複数の者を対象とする行政指導では、行政指導の指針を定めてこれを公表しなければなりません。

■ 届出とは

届出とは、行政庁に対し一定の事項の通知をする行為であって、法令により直接当該通知が義務付けられているものをいい、申請は除きます。

届出については、法令に定められた要件が満たされていて、提出先とされている機関の事務所に到達したときに、手続上の義務が履行されたものとすることが明らかにされました（行政手続法37条）。効力の発生時期について、受理の時点ではなく到達の時点であることを明確にしたわけです。

届出の性質

本文にも記載がある通り、届出は、ある事柄を行政側に知らせる通知の一種であり、準法律行為的行政行為のひとつであると考えられている。

受理

行政機関が受付手続きをすること。

到達

書類が行政機関の窓口に届くこと。

■ 意見公募手続きとは

福祉国家理念の下、多種多様な行政が要請される現代社会においては、専門的・技術的な判断能力を有する行政機関の役割

行政規則の外部化現象

本来は行政の内部行為の一種である行政規則が、一般国民など外部に対して、効果を与える場合をいう。そこで、この種の行政規則について不服がある者は、訴訟等で争う余地が生まれた（73ページ参照）。

が増大し、行政による国民の権利侵害の可能性が高まっています。行政規則の外部化現象はその一例です。

このような事態に対応するには、行政機関の規範定立に民主的なコントロールを及ぼすことが大切になります。

そこで、行政手続法は、内閣または行政機関が命令等を定めるにあたって、広く一般の意見を求めることを義務付けています。この手続きのことを**意見公募手続き**といいます。

意見公募手続きの対象とされる命令等には、①法律に基づく命令・規則、②処分基準、③審査基準、④行政指導指針が含まれます。

手続きは、以下のプロセスをとります。行政機関が命令等を作成する場合、命令等の案の公示がなされます。公示日から原則30日以上の期間、広く一般の意見が求められます。提出資格はありません。その後、集められた意見を十分考慮して、命令等が策定されます。命令等が策定された場合には、命令等の公布と同時に、①題名、②案の公示日、③提出意見等が行政機関により公示されます。

■ 行政不服審査法との関係について

行政手続法は、行政処分前の行政手続きにおける適正手続きの原則を具体化した法律です。これに対して**行政不服審査法**は、行政処分後の救済手段を規定した法律といえます。ともに、国民の権利・利益を保護することを目的としています。

行政指導は原則として不服審査の対象にはなりませんが、行政手続法上の申出制度は、行政指導についてもその対象としています。行政不服審査法では不十分な国民の権利救済手段を、行政手続法が拡張していると考えることができます。

■ 2つの申出制度に関して

行政手続法は、処分等の求め、及び行政指導の中止等の求め

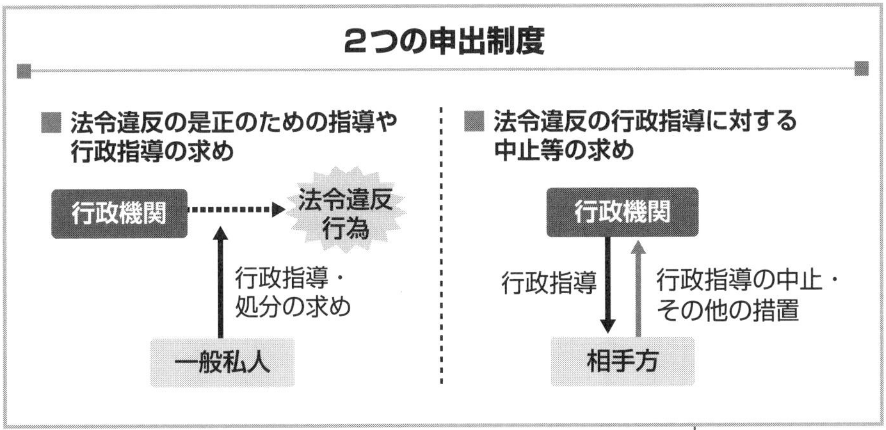

という２つの申出制度を規定しています。

すべての人は、法令違反の事実があるにもかかわらず、是正処分または行政指導が行われていないと考えられるとき、行政庁に対し、是正処分または行政指導を行うよう求めることができます（**処分等の求め**）。

この申出について調査を行い、必要性が認められるときは、行政庁は、処分または行政指導を行う義務を負います。

たとえば、公害等の事実がある場合、直接の利害関係を持たない者でも、行政対応を促すことができます。

また、法令違反行為の是正を求める行政指導の相手方は、その行政指導が法律の要件に適合しないと考えるとき、その行政指導を行った行政機関に対し、行政指導の中止や他の必要な措置を行うよう求めることができます（**行政指導の中止等の求め**）。

行政機関が調査を行い、申出に理由があると認めるときは、行政指導の中止や他の必要な措置を行わなければなりません。

たとえば、不当な行政指導がなされる場合には、相手方はこの制度を利用して行政機関に対抗することができます。

この両制度も、肥大化した行政作用に対し、民主的な統制を及ぼしたものと考えることができます。

2つの申出制度

本文記載の通り、行政指導に関する２つの申出制度が設けられている。不服申立ての対象にならない行政指導に対する救済制度を用意することで、国民の権利利益を救済することが目的であるといわれている。

PART6
4

行政手続きと
情報公開

行政情報①

個人は必要な行政情報を知ることができ、個人情報は守られている

■ 行政情報は新しい問題である

行政機関が行政目的を達成するためには、その前提として正確かつ十分な情報を得ることが必要です。現代は情報化社会ですが、コンピュータとインターネットの普及に伴い情報の流通性は高まるばかりです。そのため、行政機関に集まる情報の量も、膨大なものになりつつあります。

ただ、その反面で、不正アクセスなどによる情報の流出などが社会問題となっています。とくに、行政機関の保有する個人情報の流出は、その個人にとって防ぎようのない不利益であり、深刻な問題です。

このような新しい問題について、今までにない行政法の研究対象として特有の分野が形成されつつあります。

行政情報とは

行政機関が行政活動を行う際の基礎として、収集・利用するさまざまな情報をいう。行政機関自身が調査する場合もあれば、交通事故の報告義務など私人の申出により取得する場合もある。形式も多様で、統計等のデータや、個人情報を含む、広い範囲の情報が行政情報として集約されている。

■ 情報に関する法的根拠

行政機関が保有する情報については、大きく分けて２つの法的な問題点があります。１つは情報公開、もう１つは個人情報の保護です。ここでは、まず、それぞれの法的根拠について考えます。

個人情報

その情報が開示されることで、特定の個人が識別できる状態になるおそれがある情報をいう。また、直接個人が特定できなくても、他の情報と照合することで、個人の特定が可能である情報も含まれる。

①　情報公開

従来、表現の自由が憲法21条で保障されてきましたが、情報が国・公共団体、とくに行政機関に集中するようになった現代では、行政機関に働きかけて情報の公開を請求することが、権利として意識されるようになってきました。表現の自由を行使するには、その前提として、十分に情報を摂取する必要があり

行政情報とは

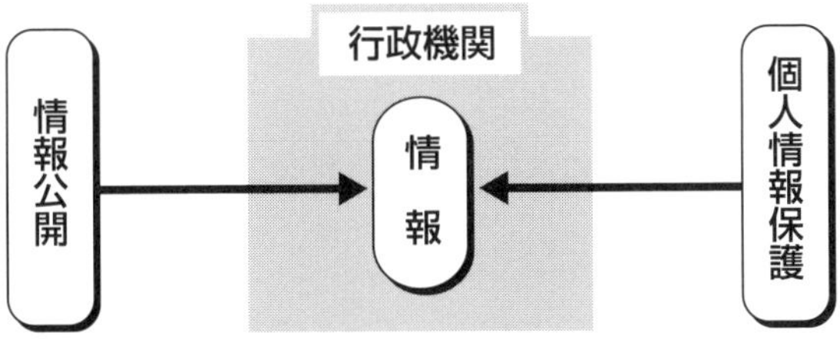

ます。そこで、情報を収集する側の権利として、知る権利が憲法21条で保障されていると解釈する見解が現れました。

ただ、知る権利として、行政機関などに対して情報の公開という一定の作為を請求するには、立法が必要になります。この必要性から平成11年に制定され、13年に施行されたのが「行政機関の保有する情報の公開に関する法律」（**情報公開法**）です。

また、各地の地方公共団体では、これより早い時期にいわゆる情報公開条例が次々と制定されています。

② 個人情報の保護

高度情報化社会は、行政機関や民間企業への膨大な個人情報の集積という現象をもたらしました。しかし、その反面で、これらの機関が保有する多数人の個人情報が流出するという、深刻な社会問題が発生しています。そこで、プライバシー権を法的根拠として、個人情報を保護すべきであると主張されるようになりました。プライバシー権の憲法上の根拠は、憲法13条の幸福追求権とされています。ただ、プライバシーの保護を実効的なものにするには立法が必要です。そのため、各地の地方公共団体では個人情報保護条例が制定され、国の法律では「行政機関の保有する個人情報の保護に関する法律」、さらに基本法となる**個人情報保護法**が制定されました。

プライバシー権

わが国では、私生活を徒に公開されない自由をいう。もっとも、近年では、自分自身に対する情報をコントロールする権利として、自己の情報の訂正や抹消を請求できる、情報プライバシー権が重要であると考えられている。

幸福追求権

憲法13条が保護する権利をいう。憲法が規定する具体的な人権規定が網羅的ではないことを考慮して、とくに人格的な個人として生きていく上で必要な利益に関する権利を広く含むと考えられている。いわゆる新しい人権の根拠になると考えられている。

PART6
5

行政手続きと
情報公開

行政情報②

誰もが行政機関が持つ行政文書の公開を求めることができる

■ 情報公開法とは

知る権利を満たすために、「行政機関の保有する情報の公開に関する法律」いわゆる**情報公開法**が制定されました。行政機関が保有する情報が公開されると、違法・不当な行政が是正されるきっかけになります。また、それ以前に、保有する情報が公開されることがわかっていると、行政機関は違法・不当な行政を避けるようになります。情報公開制度によって、国民主権に基いて行政府の説明責任が果たされて、公正で民主的な行政の推進が可能になります。ほとんどの地方自治体では、この法律に先行して情報公開条例が制定され、運用されています。

なお、情報公開法はこのような公益のためだけに機能するのではなく、個人の権利・利益を保護するためにも機能します。

知る権利

自由権の一種として、さまざまな情報や意見を知ることができるという個人の権利をいう。参政権の基礎ともいわれ、知る権利から、行政に対して情報の公開を請求する権利が導き出されると考えられている。

■ 情報公開請求は誰でもできる

情報公開法を根拠に、行政機関に対して情報の公開を請求することができる者は、条文上は「何人も」と規定されています(情報公開法３条)。つまり、国民・住民はもちろん外国人にも開示請求権が認められているのです。

■ 情報公開の対象

情報公開法が開示請求の対象としているのは、「行政機関の保有する行政文書」です。ここでいう**行政文書**とは、行政機関の職員が職務上作成し、または取得したもので、組織的に利用するものとして、当該行政機関が保有している文書です。取得

行政文書と情報公開

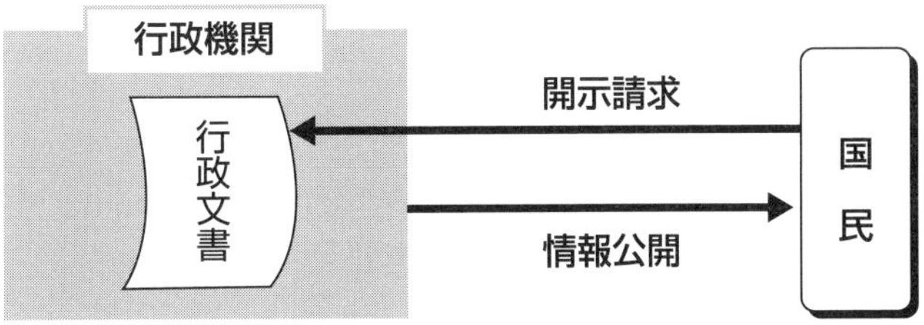

した方法については限定がないので、結局、原則として、保有するすべての文書が公開の対象になります。

なお、地方自治体の制定している情報公開条例では、決裁または供覧を終えた文書に限定されていることが多いようです。

■ 情報公開の例外

このような原則を見ると、公開の対象となる行政文書は無制限のように見えますが、次のような例外もあります。

① 個人や団体に関する情報

個人のプライバシーと法人の事業を保護する観点から、公開されないことがあります。

② 防衛・外交に関する情報

国際的または国家的安全と利益のために、公開されないこともあります。

③ 警察行政に関する情報

犯罪捜査などのために警察に関する情報も、公開の例外が認められています。

④ 国・地方公共団体の機関の審議・検討又は協議に関する情報

国・地方公共団体や独立行政法人の審議・検討・協議、事務・事業の適正な遂行に支障を及ぼすおそれがある場合には、公開されません。

不開示情報

行政機関の長は、情報の開示請求があった場合には、原則として行政文書を開示しなければならない。しかし本文記載の情報公開の例外は、不開示情報といわれる。

行政情報③

行政文書の情報公開に不服がある者は特別の規定に従う

■ 情報公開制度での救済手段

情報公開法に基づく開示請求がなされた場合、①開示拒否決定がなされたとき、②開示決定により個人情報が開示されようとしているときに問題が生じます。それぞれについて情報公開法は救済手段を用意しています。

① 開示拒否決定の場合

開示拒否決定がなされ、それに対して不服がある者は、行政不服審査法に基づいて行政機関に対して不服申立てをするか、行政事件訴訟法に基づいて裁判所に対して取消訴訟を提起することになります。

・不服申立てによる救済

開示を拒否された者から、不服申立てを受けた行政機関は、諮問機関である「情報公開審査会」に諮問しなければなりません。

諮問を受けた情報公開審査会は、問題となっている行政文書を開示すべきかどうか審査します。審査会は、諮問をした行政機関（諮問庁）に対して行政文書を提出させて、インカメラ審理を行うことができます。

審査会の答申は、諮問庁を法的に拘束することはできません。しかし、この方式が定着しつつある地方公共団体では、実際に答申を尊重しています。

・取消訴訟による救済

不服申立前置主義はとられていないので、不服のある者はすぐに裁判所に対して救済を求めることができます。つまり、行政事件訴訟法に基づいて直接裁判所に取消訴訟を提起すること

インカメラ審理

裁判所や不服の申立てを審理する機関が、公開されていない文書等の内容を審理する必要がある場合に、他の者に非公開にして、その文書等の内容を審理すること。

不服申立前置主義

裁判所に訴える前に行政機関に不服を申し立てなければならない。

行政機関への不服申立て

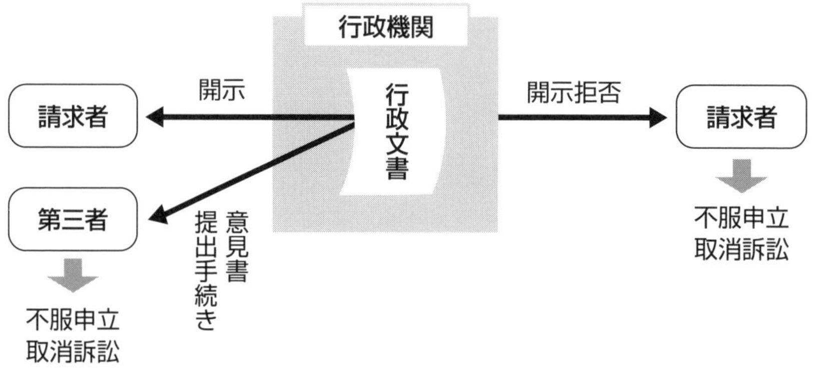

ができるわけです。ただ、裁判所では、憲法82条により公開裁判が原則なので、インカメラ審理を採用することはできません。したがって裁判所は関係する行政文書の中身を見ることができないまま判断を下すことになります。この点で、審査会による審理よりも制約を受けています。

② 開示決定の場合

行政文書が開示されると、そこに記載されている第三者のプライバシーが侵害されるおそれがあります。そのため、行政機関の長は、第三者に関する情報が記録されている行政文書についての開示・非開示の決定をしようとするときは、その第三者に対して意見書を提出する機会を与えることができます。さらに、開示に反対する第三者に対しては、開示決定をした場合には、開示決定日と開示実施日の間を２週間以上置いて、開示決定の通知をしなければなりません。この２週間の間に、第三者は不服申立てまたは取消訴訟といった法的対抗措置をとることができるわけです。

審査会による審理

審査請求が客観的で公平なものになるように、有識者等からなる行政不服審査会で行われる調査・口頭での意見陳述等をいう。原則として、行政不服審査会等の手続きでは、簡易迅速な処理が求められるために、審理員意見書などに基づく、書面審理が一般的になっている。

個人情報保護法①

3つに分かれていた個人情報保護立法が一本化された

■ 個人情報保護法の成立

1980（昭和55）年にOECDがプライバシー保護と個人データの管理に関するガイドラインを発表したのを受けて、1988（昭和63）年、日本初の個人情報保護立法である「行政機関の保有する電子計算機処理に係る個人情報の保護に関する法律」が成立しました。ただし、この法律はその名が示すように、行政機関が保有する個人情報を規律するだけでした。しかし、民間も含めた個人情報の保護の必要性が意識されるようになって、2003（平成15）年には、「行政機関の保有する個人情報の保護に関する法律」（行政機関個人情報保護法）、「独立行政法人等の保有する個人情報の保護に関する法律」（独法等個人情報保護法）に加えて、「個人情報の保護に関する法律」（個人情報保護法）が成立し、2005（平成17）年に全面施行に至ったのです。

OECDのガイドライン

以下の８つの原則が定められている。①目的明確化の原則、②利用制限の原則、③収集制限の原則、④データ内容の原則、⑤安全保護の原則、⑥公開の原則、⑦個人参加の原則、⑧責任の原則。

■ 問題の所在

これまで、個人情報の保護については、国の法律レベルでは、「行政機関の保有する個人情報の保護に関する法律」（行政機関個人情報保護法）、「独立行政法人等の保有する個人情報の保護に関する法律」（独法等個人情報保護法）、「個人情報の保護に関する法律」（個人情報保護法）の三法に分かれた規律がされてきました。一方、地方公共団体については、各々の地方公共団体が個人情報保護条例を制定して自律的に規律を行ってきました。しかし、この結果、以下のような問題が生じていました。

3つの法律と各地方公共団体の条例による別個の規律

問題点

- 定義がバラバラ
- 所管が別々
- 医療分野・学術分野
  （国公立大学・病院と私立大学・病院での取扱いの違い）
- 学術研究目的での取扱い方

① 個人情報の定義の違い

同じ個人情報保護立法でありながら、行政機関を対象とする行政機関個人情報保護法の個人情報の定義と民間を対象とする個人情報保護法の個人情報の定義が異なっていました。そのため、官民間のデータの流通に支障を生じていました。また、地方公共団体間でも、死者に関する情報も含めるか否かといったように、個人情報保護条例での定義が異なっているため、地方公共団体間で取扱いに差異が生じていました。

② 所管の違い

行政を対象とする行政機関個人情報保護法と独法等個人情報保護法は総務省が所管し、民間事業者を対象とする個人情報保護法は個人情報保護委員会が所管していました。しかし、官民にわたる問題に対応するには、所管も一本化するのが合理的かつ効率的という指摘がありました。

③ 医療分野・学術分野の問題

医療分野・学術分野で実質的に同じ業務を行っていても、国公立病院と私立病院、国公立大学と私立大学とで、適用される法律が異なっているため、施される規制も異なるという不都合が生じていました。

改正前の個人情報の定義

改正前の行政機関個人情報保護法では、「他の情報と照合することができ、それにより特定の個人を識別することができることとなるものを含む。」とのかっこ書きがあった。これに対し改正前の個人情報保護法では「他の情報と容易に照合することができ」となっていたため、行政機関の個人情報の概念の範囲が広くなっていた。改正によって、改正前の個人情報保護法の定義に統一された。

④　学術研究に係る適用除外のあり方

これまでは、個人情報取扱事業者の義務につき、学術研究機関等が学術研究目的で個人情報を取り扱う場合は、すべて適用を除外していました。しかし、安全管理措置義務や保有個人データの開示義務等は、学術研究目的か否かに関わりなく適用の必要性が指摘されていました。

■ 改正法による問題の解決

以上の問題点を解決すべく、行政機関個人情報保護法と独法等個人情報保護法は廃止され、残った個人情報保護法を大幅に改正したのです。大枠としては、以下のような改正が行われました。

改正個人情報保護法は、それぞれの規律内容は異なるものの、行政、民間、地方公共団体に対して統一的に適用されることになりました。所管は個人情報保護委員会に一元化され、対象となる個人情報の定義は従来の個人情報保護法の定義に統一されたのです。また、国公立・独立行政法人の医療機関・大学等に対しては、民間部門における個人情報の取扱いに係る規律が適用されるようになりました。さらに、学術研究目的の個人情報であっても、安全管理措置、保有個人データの開示等に関しては、取扱事業者としての義務が適用され、個人情報保護委員会が監督を及ぼすことになりました。

■ 令和３年改正法について

令和３年、「デジタル社会形成基本法」の成立施行に伴い、個人情報の保護に関する法律が大幅に見直されることになりました。具体的には、これまで、行政機関・独立行政法人等・民間を分けて律していたことから生じていた問題点を解消するために、個人情報保護三法を一本化した法律を制定することになり、その結果、令和３年、一本化され改正された「個人情報の

デジタル社会形成基本法

デジタル社会の形成に関し、基本理念及び施策の策定に係る基本方針、国、地方公共団体及び事業者の責務、デジタル庁の設置並びに重点計画の作成について定めた法律。

「個人情報の保護に関する法律」をめぐる最近の法改正の動き

改正時期	おもな内容
平成27年改正	情報通信技術の進展とグローバル化に対応するための法改正。個人情報の定義の明確化、個人情報保護の強化、個人情報保護委員会の新設、越境移転規制の導入等を柱とした大幅な改正が施された。施行後３年ごとに法律を見直すことも規定された。
令和２年改正	人工知能（AI）とビッグデータ時代に対応するため、見直し規定に基づいて、①利用停止・消去等の個人請求権の拡充、漏えいなどの報告・本人通知、②不適正利用の禁止、③仮名加工情報の創設、個人関連情報の第三者提供制限、④越境移転に係る情報提供の充実といった改正が行われた（令和４年４月から全面施行）。
令和３年改正	「デジタル社会形成基本法」の成立施行に伴い、従来、行政機関・独立行政法人等・民間を分けて律していたことから生じていた問題点を解消するため、個人情報保護三法を一本化した法律を制定し、「個人情報の保護に関する法律」が成立。地方公共団体に関する部分を除き令和４年４月に施行され、地方公共団体に関する部分は令和５年春に施行される予定。

保護に関する法律」が成立しました。また、本改正によって、これまで国の法律によっては規律されずに、各地方公共団体の条例によって個別に規律されていた地方自治における個人情報の保護に関して、全国的に統一化された規律を及ぼすようにもなりました。

本改正は、令和２年改正と同様に、原則として、令和４年４月に施行されますが、地方公共団体に関する部分は、地方自治体への周知の必要性から令和５年春に施行されることになっています。

個人情報保護法②

改正個人情報保護法の構造と地方公共団体への対応

■ 改正個人情報保護法の基本構造

３つに分かれていた個人情報保護法が、改正により一本化されましたが、もちろん、行政と民間、そして地方公共団体のいずれに対しても、すべての規定が同じように適用され、規律されるわけではありません。改正個人情報保護法は、概要、以下のような構造になっています。

①　基本理念、国及び地方公共団体の責務・個人情報保護施策等（第１章～第３章）

総則的に個人情報の保護に関する基本方針が定められており、民間分野、公的分野、地方公共団体すべてに対して適用されます。

②　個人情報取扱事業者等の義務、罰則等（第４章、第８章）

改正前の個人情報保護法のように、民間の個人情報取扱事業者に適用されます。ただし、改正前と異なり、原則として、国公立・独立行政法人の病院・大学・研究機関・労働者健康安全機構にも、適用されます。

そして、実施のために、民間を対象としたガイドライン、Q&A等を作成・公表しています。とくに、金融関連・医療関連・情報通信関連といった専門性の高い分野では、別途のガイドライン等が作成・公表されています。

③　行政機関等の義務、罰則等（第５章、第８章）

改正前の行政機関個人情報保護法と独法等個人情報保護法のように、原則として、地方公共団体を除いた公的部門に適用されます。

この分野でも、実施のために、行政機関等を対象としたガイ

改正個人情報保護法の基本構造のイメージ

民間分野（国公立大学・病院を含む）	公的分野	
	国の行政機関・独立行政法人等	地方公共団体
1～3章（個人情報の保護に関する基本方針）		
4章(義務)8章(罰則)等	5章(義務)8章(罰則)等	各地方公共団体の実情に応じた必要最低限の保護措置を定めた条例
ガイドライン・Q&A等	ガイドライン・Q&A等	

ドライン、事務対応ガイド、Q&A等を作成・公表しています。

■ 地方公共団体に対する扱い

地方公共団体に対しては、改正前は、個人情報保護法は適用されず、各地方公共団体の制定する個人情報保護条例に規律が委ねられていました。そのため、個人情報保護をめぐる法令・条例が全国で膨大な数にのぼり、それらにおける個人情報の定義・解釈・運用、そして、当然のことながら所管もまちまちであるため、個人情報保護の凹凸と全国的なデータ流通の阻害が生じるという問題（いわゆる2000個問題）が発生していました。

そこで、改正個人情報保護法では全国的な共通ルールを規定し、運用面でも国がガイドラインを策定、所管も個人情報保護委員会に一元化しました。ただし、その一方で、各地方公共団体の実情に配慮して、法律の範囲内での必要最低限の独自の保護措置を条例において定めることは許容しています。その場合、各地方公共団体は、条例を個人情報保護委員会に届け出ることになります。

ただし、改正法に関して各地方公共団体に対する周知・説明、そして、独自の保護措置を定めた条例の届出のための期間が必要であることから、改正法の地方公共団体に関する部分は、令

2000個問題

「個人情報保護法制度2000個問題」ともいわれる。個人情報保護に関する法令·条例は、全国で2000個にのぼるが、それぞれの個人情報の定義・解釈・運用が違うため、個人情報の十分な保護と利活用・自治体間の連携を阻害していた。その結果、医療や災害・テロ対策への個人データの広域連携、ひいては、ビッグデータ利用やIoT政策への阻害要因にもなっていた。

和５年春に施行されることになっています。

■ 個人情報保護委員会とは

個人情報保護委員会

内閣府の外局に置かれている独立行政委員会であり、情報に関する各分野の専門家によって構成される。委員長は１人で、他に４人の常勤委員、４人の非常勤委員の合計９人によって構成されている。

改正前、個人情報の保護を所管するのは、国の行政機関・独立行政法人等の分野では総務省、民間の分野では個人情報保護委員会、地方自治の分野では各地方公共団体となっていました。改正法では、個人情報保護の所管を「個人情報保護委員会」に一本化しています。

個人情報保護委員会は、個人情報の有用性に配慮しつつ、個人の権利利益を保護するため、個人情報の適正な取扱いの確保を図ることを任務とする独立行政員会です。

■ 個人情報保護委員会の権限

個人情報保護委員会は、個人情報の保護と利活用の推進のために、以下の権限を有しています。

①　法改正の立案・ガイドライン等の策定

時代の流れに応じて個人情報保護法の改正案やガイドライン・Q&Aの作成と公表を行います。

②　個人情報取扱いに関する監視・監督権限

個人情報保護委員会は、個人情報等の取扱いに関する監視・監督権限を有しています。

個人情報保護委員会は、個人情報取扱事業者に対して、報告徴収・立入検査、必要な措置の指導・助言を行う権限を有しています。この指導・助言は、違法な行為がなくても必要に応じてできますが、法的拘束力はありません。なお、報告徴収・立入検査に応じない、虚偽の報告をする等した場合、50万円以下の罰金に処せられます。

事業者が指導・助言に従わず必要な措置をとらない場合、個人情報保護法違反の状態があり、個人の権利利益保護の必要性がある場合、個人情報保護委員会は、違反行為の中止等の勧告

所管の一本化と権限の強化

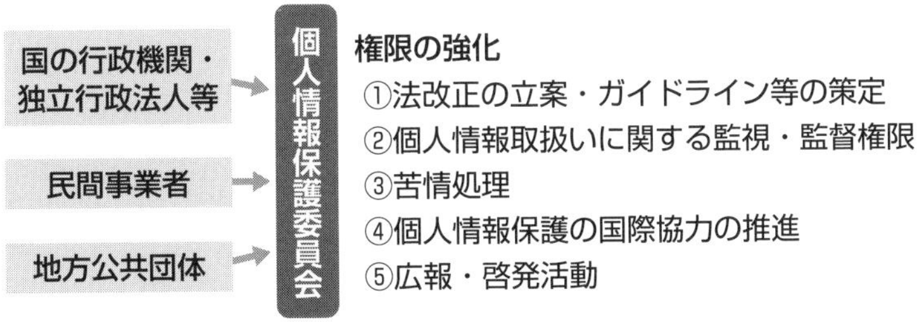

をすることができます。さらに、事業者が、正当な理由なく勧告に従わず、かつ、個人の重大な権利利益の侵害が切迫している場合には、勧告にかかる措置を命令することができます。この命令に従わないと、１年以下の懲役または100万円以下の罰金が課されることになります。また、勧告・命令を行ったことにつき、事業者名を公表することもあります。

③　苦情処理

個人情報取扱事業者に対する消費者からの苦情の申出に対して、必要なあっせんと処理を行う権限を有しています。

なお、個人情報保護と関連性の強いマイナンバーの取扱いについても、マイナンバー法に基づいて苦情あっせん業務を行っています。

④　個人情報の保護の国際協力の推進

データ流通のグローバル化に伴い、個人情報保護の国際的枠組みと流通のためのルールづくりが急務となっています。個人情報保護委員会は、この点での国際協力に参加し、GDPRの十分性認定の取得交渉も行ってきました。

⑤　広報・啓発活動

個人情報の保護と適正かつ効果的な活用について幅広く周知するために、ハンドブック、動画、ウェブサイト、SNS等を通じて、広報・啓発活動を行っています。

罰則の強化

改正前に比べて、個人情報保護委員会による命令違反に対する罰金額は引き上げられている。これに加えて、命令違反をした事業者名の公表制度も新設されることで、個人情報保護委員会による監督権限の実効性が担保されている。ただし、GDPRで導入されている課徴金制度については、今回の改正では見送られた。

GDPRとその十分性認定

GDPR（欧州一般データ保護規則）とは、EEA（欧州経済領域）域内に適用される統一的な個人情報保護に関する規則で、日本企業がEEA域内の個人のデータを収集・越境移転する場合、このGDPRが適用され、日本が欧州委員会から個人データ保護措置に関する十分性認定を受けている必要がある。

公益通報者保護法

事業者内部からの公益通報者を保護する制度

■ 公益通報者保護法とは

食品の産地偽装、闇カルテル、リコール隠しなど、民間企業内部または民間企業間で生じた問題とはいえ、その結果が社会全体の公益を害する事件もあります。これらの事件は外部からは認識しにくく、潜在的なまま事態が進行していくのが通常です。行政の役割としては、行政調査による情報収集と収集された情報に基づく行政指導による予防措置が考えられますが、事件が表面化していない段階での行政調査には限界があります。そのため、事業者内での公益を害するおそれのある事実について、内部からの通報者を保護し、事件の予防を促すための法律として公益通報者保護法が平成16年に制定されました。

公益通報者保護法では、公益通報をしたことを理由として内部から通報した者に解雇・降格・減給といった不利益な取扱いをすることを禁じることで公益通報者を保護しています。

公益を害するおそれのある事実の通報先として、公益通報者保護法が規定しているのは、以下の３つです。

①　事業者（内部公益通報）

労働者等がその内部で勤務する事業者です。具体的には、会社の監査役もしくはそれに準じる役職、コンプライアンスの専門部署などになります。

②　行政機関（行政機関公益通報）

通報対象事実について処分または勧告等する権限を有する行政機関に対して通報した者も、保護対象とされています。行政機関には、議会を除く地方公共団体の機関も含まれます。

公益通報

不正の利益を得る目的、他人に損害を加える目的その他の不正の目的でなく、通報対象事実が生じ、または、まさに生じようとしている旨を事業者・行政機関・外部の第三者に通報すること。

内部公益通報の要件

公益通報者が「通報の対象となる事実が生じ、または、まさに生じようとしていると思料する」こと。

誤った行政機関公益通報があった場合

行政機関の権限管轄を一般国民が知らずに、処分または勧告等をする権限を有しない行政機関に対して誤って公益通報をすることもありうる。この場合には、公益通報を受けた行政機関は、通報対象事実について処分または勧告等の権限を有する行政機関を教示しなければならない。

公益通報者保護法のおもな改正点

事業者の体制整備の義務化

・公益通報対応体制の整備と公益通報対応業務従事者を定める
　→従業員 300 人以下の中小企業は努力義務。

事業者の内部通報担当者に守秘義務

・違反した場合、30 万円以下の罰金（刑事罰）

「公益通報者」として保護される範囲の拡大

→退職から 1 年以内の労働者と派遣労働者、役員にも拡大

保護される「通報対象事実」の範囲の拡大

→犯罪行為以外の行政罰としての過料対象事実にも拡大

保護内容の拡大

→公益通報によって損害を受けたことを理由として、事業者は公益通報者に対して損害賠償請求できない

外部通報の保護要件の緩和

→行政機関公益通報と外部公益通報の保護要件を緩和

③　報道機関などの外部の第三者（外部公益通報）

通報対象事実の性質によっては、報道機関などの第三者を通じて世に広く内部の事実を通報する必要が生じる場合もあります。しかし、事業者が受けるダメージも大きいことから、通報しないように事業者から圧力を受けている、通報しても調査しない、急迫した危険がある、といった要件が課されています。

■ 公益通報者保護法の問題点と改正

事業者内部からの公益通報者を保護すべく制定された公益通報者保護法ですが、思ったほど効果を発揮せず、相変わらず食品産地の偽装事件などは起こっていました。

そのため、おもに上図のような点についての法改正がなされ、令和４年６月から施行されました。

改正前の公益通報者保護法の問題点

- 保護される通報対象事実が犯罪行為に限定され、それより軽微な事実は対象外となっている
- 行政機関公益通報や外部公益通報の要件が厳しすぎる
- 解雇等によりすでに退職した者、労働者でない役員は保護の対象外となっている
- 企業のコンプライアンスに対する姿勢が不十分
- 行政の権限が非常に限定的なため、監督が不十分

Column

公文書管理

行政機関、独立行政法人で用いられる文書、さらにこれらに保有される歴史的に重要な文書を総称して「公文書等」と呼びます。

公文書等は国及び独立行政法人等の諸活動や歴史的事実の記録であり、国民共有の知的資源といえます。公文書等を適切に管理し、その内容を後世に伝えると同時に、公開請求等を通じて行政活動の透明化による民主的コントロールを及ぼすことが重要です。

この公文書の適正な管理を実現するために平成23年に成立したのが「公文書等の管理に関する法律」（公文書管理法）で、公文書の作成・整理（保存期間・移管・廃棄等）に関する統一的なルールが定められています。

各行政機関の長は、行政文書ファイル管理簿を設け、その記載情況について一般の閲覧に供すると同時に、毎年、内閣総理大臣に報告しなければなりません。内閣総理大臣は、この報告をとりまとめて公表し、必要に応じて各行政機関に対して報告・資料の提出、実地調査を命じることができます。

一方、歴史資料として重要な公文書は特定歴史公文書として、国立公文書館に移管することで、国民による利用を保障しつつ、原則として永久保存すべきものとしています。

また、公文書の管理については専門的知見が要求されることから、外部の有識者によって構成される公文書管理委員会が内閣府に設置されています。公文書管理委員会は、政令の制定・改廃、内閣総理大臣の行政機関に対する勧告、国立公文書館における利用制限に対する国民の不服申立て等について諮問を受け、調査・審議の上、答申することが求められています。

PART 7

行政争訟法

PART7
1

行政争訟法

行政救済法における行政争訟法の位置付け

違法・不当な行政活動からの救済のため行政争訟法が整備されている

■ 行政救済法とは

国民主権主義の国家では、行政は国民の利益になるように活動します。しかし、行政活動とはいっても、実際にそれを行うのは人間です。人間である以上、ときには違法または不当な行政活動をしてしまうことはあります。問題は、そのような行政活動によって権利・利益を侵害される国民をいかに救済するかです。違法・不当な行政活動によって権利・利益を侵害された国民を、一定の要件の下で救済する、行政の分野に固有の法的救済を**行政救済法**といいます。

違法と不当

違法とは、法律に違反している状態をいう。おもに訴訟などで問題になる。これに対して、不当とは法律違反ではないが、妥当性を欠いている状態を指す。

■ 行政争訟法とは

行政救済法の中でも、違法・不当な行政活動が作り出す不利益から個人を救済することを、直接の目的に争われる紛争に関する法を、とくに**行政争訟法**と呼んでいます。もっとも行政争訟は、行政活動が原因である紛争のみであり、通常の民事訴訟で争われる紛争については、行政争訟からは除かれるという理解が一般的です。取り扱う機関に応じて、行政争訟は次の２つに分類することが可能です。

①　行政機関が取り扱う行政争訟

行政活動に違法・不当な状態があり、救済を望む個人が、行政機関に不服を申し立てる性質の行政争訟のことです。行政機関が取り扱うことから、行政活動の中の手続きの一環として考えられています。行政上の不服申立てが典型例であり、**行政不服審査法**が一般法であると考えられています。

行政救済法の構造

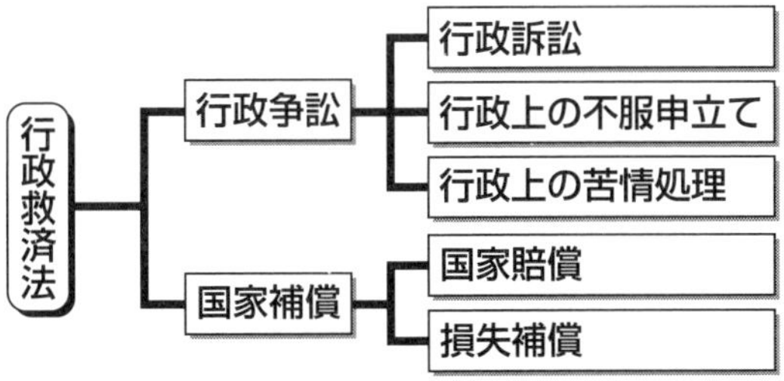

② 司法機関（裁判所）が取り扱う行政争訟

裁判所が取り扱う訴訟手続きの中で、行政活動の違法・不当な状態の解消を求めて争われる紛争のことです。行政訴訟が典型例であり、**行政事件訴訟法**が詳細な規定を置いています。

行政裁判所の禁止

わが国では、行政事件についても、一般の司法裁判所が事件を担当する。憲法が特別裁判所の設置を禁止していることに基づいている。

■ 行政争訟の種類

行政争訟には次の３種類があります。

① 行政訴訟

裁判所に訴訟を提起して行政処分などを争う方法で、行政事件訴訟法によって手続きが定められています。行政救済法の中でも、もっとも重要なもので、とくに行政処分の取消しを求める取消訴訟は最重要の訴訟類型です。

② 行政上の不服申立て

行政機関に対して不服申立てをして行政処分などを争う方法で、行政不服審査法によって手続きが定められています。審査機関が行政機関である点が行政訴訟と異なるところです。

③ 行政上の苦情処理

同じ行政機関に対して不服を申し立てて救済を求める方法ですが、行政上の不服申立てよりも手続きは柔軟です。ただ、措置については法的な拘束力はありません。

PART7
2

行政争訟法

行政上の不服申立て①

不当な行政活動に基づき不服申立てを行うことで、行政機関に反省を促す

■ 行政機関への不服申立て

行政機関が国民に対して何らかの処分をした場合でも、相手方の国民としては納得がいかないことがよくあります。たとえその処分が法律に照らして違反していないときでも、不当ではないかとの疑問を抱くこともあります。たしかに、行政事件訴訟法による救済手段が用意されてはいますが、時間や費用がかかって裁判沙汰を好まない国民性もあいまって、利用しづらいことも否めません。

そのような場合に備えて、行政不服審査法には、**行政上の不服申立て**という制度が設けられています。行政上の不服申立てとは、行政活動をめぐる紛争につき、国民の不服の申立てに基づき、行政機関が審理を行い、これに基づいて裁断を下すことによってこの紛争を解決する作用です。

■ 行政不服審査法とは

行政不服審査法は審査請求・再審査請求・再調査請求を定めています。**審査請求**とは処分をした行政庁や、その行政庁よりも上級（原則として最上級）の行政庁に処分の不服を申し立てることをいいます。**再審査請求**とは、審査請求の裁決に不服がある者がさらに不服を申し立てることです。**再調査請求**とは、処分をした行政庁に調査を求めることで、審査請求よりも簡易な手続きです。どの請求も常に認められているわけではなく、行政不服審査法や個別法の要件を満たした場合にのみ認められています。

不服申立手続きの概要

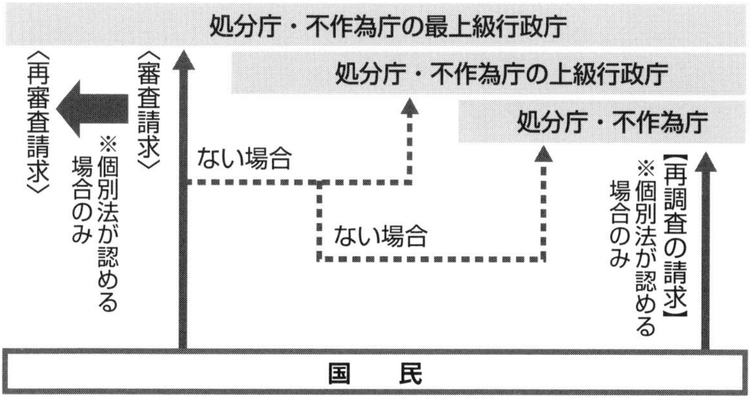

■ 審査請求前置主義とは

裁判との関係で重要になってくるのが、自由選択主義と審査請求前置主義です。

自由選択主義とは、行政処分に不服がある者は行政庁に審査請求などの不服を申し立てること、裁判を提起することのどちらでも自由に選択できる原則をいいます。これに対して**審査請求前置主義**とは、行政処分に不服がある者はまず審査請求を提起し、裁決を経てから、裁判を提起しなければならない原則をいいます。

審査請求前置主義が個別の法律で定められている場合として、次のような例を挙げることができます。たとえば、審査請求が訴訟の第一審にあたるといえるほど手続きが整えられており、税務など、大量に不服が申し立てられるおそれがあり、また専門的な知識が必要な事柄について、すべて訴訟が提起されると裁判所の負担が過大になりすぎるような場合には、審査請求前置主義が定められています。

自由選択主義と審査請求前置主義の長所と短所

自由選択主義と審査請求前置主義の長所と短所は、表裏の関係にある。最初から裁判所での救済を求めても時間がかかる一方、審査請求の方が簡易迅速という長所はある。加えて、行政機関ゆえの専門性もある。その反面、行政機関という枠組みからすれば、純粋に客観的な第三者による審査とはいえない。これに対して、裁判所の審理は純粋な第三者による法的な審理が期待できる。

行政上の不服申立て②

不服申立ては行政機関に反省を促す特殊な制度であり特別の規制に服する

■ 不服申立ての提起

行政不服審査法は、行政上の不服申立てについて規定しています。行政不服審査法は、対象を限定しない概括主義をとっていて、「行政庁の処分その他公権力の行使に当たる行為」が広く不服申立ての対象とされています（行政不服審査法1条2項）。

また、不服申立てができるのは、「行政庁の処分に不服がある者」か「不作為に係る処分その他の行為を申請した者」です。

不服申立てはその相手によって、審査請求・再調査の請求・再審査請求の3種類がありますが、基本的には審査請求をすることになっています。これを**審査請求中心主義**といいます。ただ、不服申立制度は、一般国民にはわかりにくいので**教示制度**も設けられています。具体的には、次のようになります。

なぜ審査請求中心主義が採られているのか

処分庁本人よりも他の行政機関に審査をさせた方が公正・公平を期することができるからである。

① 処分庁または処分を行わない不作為庁のうち、最上級行政庁がある場合には、原則として、最上級行政庁を審査庁として審査請求をします。

② 上記の例外として、処分庁・不作為庁に上級行政庁がない場合には、実際に処分を行った処分庁または不作為庁に対して審査請求を行うことになります。処分庁や不作為庁が、各省庁の主任の大臣や、宮内庁長官である場合、または、金融庁などの外局の長である場合にも処分庁・不作為庁自身に審査請求を行います。

③ 各省の主任の大臣が、処分庁や不作為庁の上級の行政庁に該当する場合には、その主任の大臣が審査庁になります。

④ 法律で認められている場合等には、処分についての裁決に

不服申立制度の内容

行政上の不服申立て

- **審査請求** … 審査庁（最上級行政庁）に対して行う不服申立て
- **再調査の請求** … 処分庁自身に対して行う不服申立て
- **再審査請求** … 審査請求に不服がある場合に認められる不服申立て（個別法で認められる場合のみ）

対して、さらに再審査請求をすることができます。

■ 不服申立ての期間

不服申立てはたしかに国民の救済のための制度ですが、いつまでも不服申立てができるとすると、行政上の法律関係は安定しません。そのため審査請求は、処分があったことを知った日の翌日から３か月以内にしなければなりません。また、これが再調査請求後に行った審査請求の場合には、その再調査請求の決定があったことを知った日の翌日から１か月以内になります。さらに、処分があった日の翌日から１年を経過すると不服申立てはできなくなります。

■ 執行停止とは

不服申立てによっていちいち行政が滞っていたのでは、行政機能はマヒしてしまいます。そのため、不服申立てがあっても、原則として処分や手続きの続行は妨げられないことになっています（執行不停止の原則、行政不服審査法25条１項）。この点は、取消訴訟の場合と同様です。ただ、同じ行政機関ということで、審査庁が職権で執行を停止することができたり、緊急の場合には停止させなければならないことになっています。

行政上の不服申立て③

行政機関自身が行う不服申立ては訴訟と異なり書面中心の審理が行われる

■ 審理の手続き

行政上の不服申立ての手続きは、訴訟とはかなり異なります。審査をするのが同じ行政機関ということ、適正かつ迅速な救済をめざしているためです。具体的には、次のようになります。

① 審査の対象範囲

裁判所の取消訴訟では処分の違法だけが問題となりますが、不服審査では処分の違法だけではなく不当も問題になります。不当とは、行政庁の裁量の逸脱・濫用に至らない程度の裁量の不合理な行使のことをいいます。

② 書面審理主義

不服申立ては不服申立書の提出から始まりますが、その他にも処分庁の弁明書の提出など、審理手続きは書面によることが原則となっています（行政不服審査法19条１項）。これを書面審理主義といいます。裁判所では、口頭による弁論（主張）が原則になっていますが（口頭弁論主義）、それとは対照的です。この書面審理主義によって、迅速な審理が可能になります。

書面審理主義
申立人が希望すれば口頭で意見を述べる機会が与えられる。

③ 職権主義と当事者主義

紛争を解決するためには、あらゆる証拠を吟味して事実を確定しなければなりません。証拠の収集方法については、職権主義と当事者主義という２つの方法があります。職権主義とは、審理をする者（裁判所・審査庁など）が証拠を収集して提出するという方法です。これに対して、当事者主義とは、申立人や原告・被告といった当事者が証拠を収集して提出する方法です。

裁判所の訴訟では、原則として、当事者主義が採用されてい

審理について

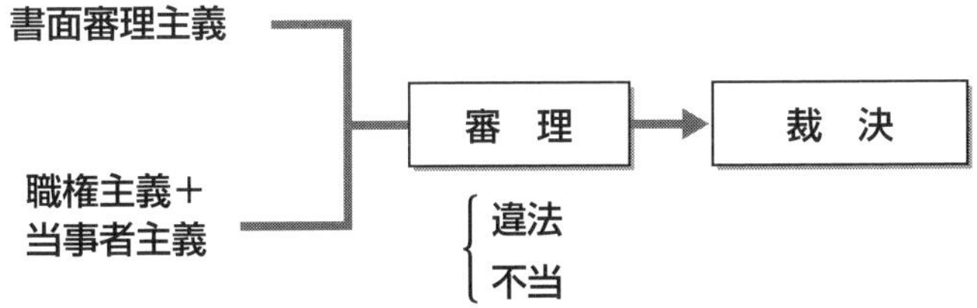

ます。しかし、不服申立てでは、申立人が証拠を提出したり、審査庁が職権で証拠を調べたりするので、職権主義と当事者主義が併用されているといえます。

■ 審査の結果

審査庁は審査の結果、判断を下しますが、審査請求・再審査請求に対する判断を**裁決**といいます。裁判所の訴訟では、判決にあたります。不服申立てが、資格のない者が申し立てているなど手続上の要件を欠く場合は、却下されます。申立てに理由があれば認容され、理由がないと棄却されます。ただ、申立てに理由があっても、処分を取り消すと公共の福祉に反する場合には、棄却されることがあります。これを**事情裁決の法理**といいます。

たとえば、工事の許可処分の場合に、工事がすでに大部分進んでおり、処分を取り消して、解体すると多額の費用がかかり、公共の福祉に反するといった場合が挙げられます。裁判所での救済とは異なって、行政上の不服申立てが認められると、処分の取消しだけでなく、処分が変更されたり不作為庁に何らかの作為が命じられたりします。同じ行政機関ということで、裁判所による救済よりも、迅速かつ柔軟性のある救済が可能になるわけです。

公共の福祉
一般的には、社会的な共同生活の利益のことを公共の福祉という。

不作為庁
行うべき内容の行政処分等を行わない行政庁のこと。

PART7
5

行政上の苦情処理

行政上の苦情処理は訴訟等に比べ簡易・迅速な手続きで行うことができる

■ 行政上の苦情処理とは

行政は日々多くの相手方である国民に働きかけるため、なかにはどうしても相手方さらには第三者にとって違法あるいは不当な影響を与えることがあります。そのような場合に、行政機関に対して不服を申し立てる手段として、行政不服審査法が用意されていることは前述しました。

しかし、行政不服審査法による不服申立ては、手続き・申立先・不服の対象などが限定されているため、行政に関するすべての苦情に対処できるわけではありません。そこで、不服申立制度の対象とはならない、行政上の苦情処理が問題になります。行政に関する苦情の申出を、行政機関が受理し、必要な措置をとることを**行政上の苦情処理**といいます。行政上の不服申立ては、行政上の苦情処理を法制度化したものといえます。不服申立ては行政訴訟に比べて、簡易迅速で費用も少なくてすむのが長所でしたが、不服申立て以外の苦情処理は、誰でもどのような事項についても申し立てることができ、より柔軟な手続きとなっています。具体的には、各役所の「市民相談係」「○○相談窓口」といった部署で受け付けています。

また、国の苦情処理制度としては、総務省の行政評価局による「行政苦情あっせん」があります。ここでは、実態を調査した上で申出に理由があるときには、関係機関に苦情内容を連絡してあっせんし、苦情の解決を促進します。

行政上の苦情処理は、手続的制約がなく柔軟性がある反面、行政機関の善意を待つものであって、法的拘束力がないことが

苦情への対処

行政機関は、苦情を受けると、何らかの対応（処理）を行うのが一般的である。もっとも、苦情の処理は法的な義務に基づくのではなく、あくまでも事実上の行為として行われる。

オンブズマンのしくみ

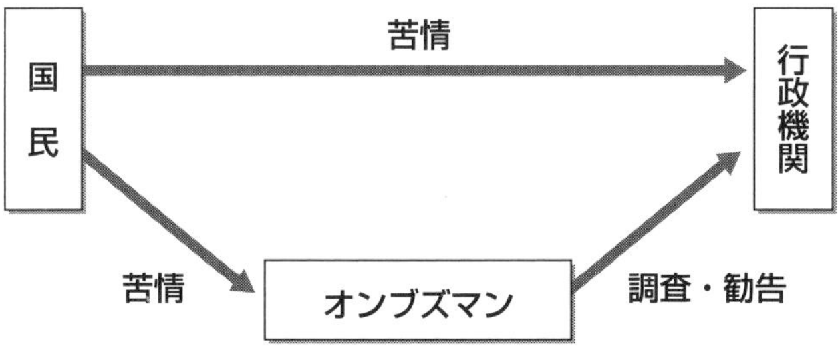

難点です。

■ オンブズマンとは

最近では、地方自治の問題などを中心に**オンブズマン**という言葉をよく耳にします。もともと、オンブズマンという制度はスウェーデンで始まった制度であって、公務員の不法を摘発するためのものでした。

その後、各国で研究・採用が進んで、市民からの苦情を処理して、行政の適正化を図る機能をもつようになりました。

わが国では、第二次臨時行政調査会でオンブズマン制度の導入について検討されましたが、実際に国のレベルでオンブズマン制度は、まだ、導入されていません。ただ、地方自治のレベルでは、社会福祉・情報公開といった分野で、条例や要綱によってオンブズマン制度が導入されています。

これらのオンブズマン制度の概要は、行政庁から独立したオンブズマンの設置→市民からの苦情→実地調査→報告・是正勧告→公表といった手順によって、苦情処理と行政の適正化を図るというものです。

オンブズマン制度の実例

わが国の地方公共団体レベルで、最初にオンブズマン制度が導入されたのは、川崎市民オンブズマン条例に基づいて設置されたオンブズマン制度である。

PART7
6

行政機関による私人間の紛争の解決

一般私人間の紛争に行政が介入することがある

■ 行政型ADRとは

行政争訟法は、行政庁と一般私人の間で起こっている紛争の解決のための手続き等に関する規定を置くことに主眼が置かれています。しかし、私人と私人の争いに対して、行政機関が紛争を処理するしくみも存在します。

とくに、一般私人同士の民事に関する紛争に対して、行政機関が処理する手続きが設けられている場合を**行政型ADR**と呼んでいます。民事紛争は本来、訴訟を基本とする民事訴訟手続きに則って解決が図られるのが一般的です。しかし、最近では、必ずしも裁判所が取り扱う訴訟手続きによらずに、訴訟以外の場で、第三者的な機関が当事者の仲介役を果たして、紛争解決をめざす裁判外紛争処理手続きが整備され、活用されるようになりました。このADR手続きのうち、紛争解決のために介入する機関が行政機関である場合を、とくに行政型ADRと呼んでいます。

裁判外紛争処理手続き
ADR＝Alternative Dispute Resolutionの略。

ADR法
ADRの基本法は「裁判外紛争解決手続の利用の促進に関する法律」（ADR法）である。裁判外紛争解決手続きについての基本理念、国・地方公共団体の負う責務などについて規定が置かれている。

行政型ADRの特徴は、他のADR手続きと同様で、中立的で第三者的な機関として行政機関が手続きに介入することで、一方当事者に偏ることなく、公平な解決へ導くことが可能であることです。また、行政機関が持っている専門的・技術的な知識が活用され、迅速な紛争解決に役立つといわれています。

■ 行政型ADRの実情・利点

行政型ADRを担当する機関の例としては、後述のように公害審査会や建築工事紛争審査会の他に、国民生活センターや消

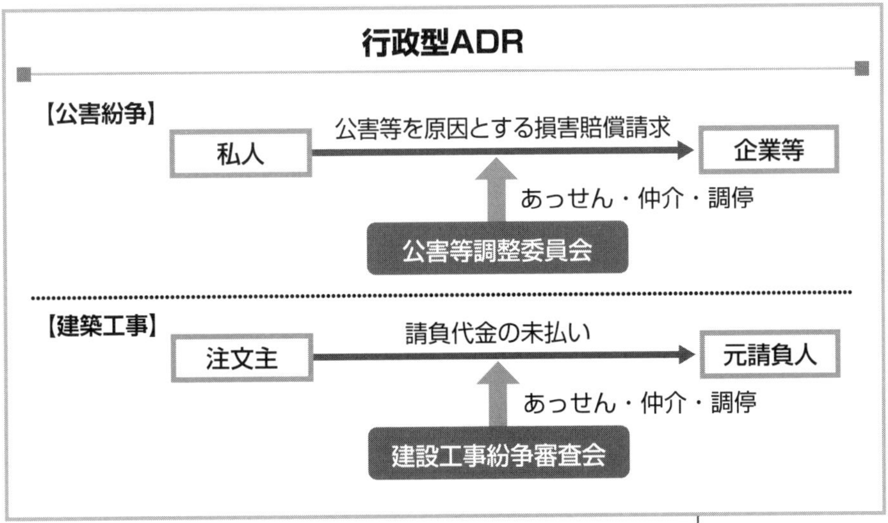

費生活センターなどを挙げることができます。一般私人同士の争いに対して、法律はできるだけ介入しないべきであるという「民事不介入の原則」からは、行政型ADRは極めて例外的といえます。しかし、行政国家現象と呼ばれるように、わが国で行政が果たす役割は広がっており、専門的な知識が必要である紛争に対して、白黒をはっきりつける法的な解決ではなく、話合いをはじめとする柔軟な解決方法を提示することができる行政型ADRは、現代社会で広く求められるようになりました。

それでは、行政型ADRではどんな手続きが行われているのでしょうか。公害紛争と建築工事紛争を例にとってみましょう。

公害紛争については、公害等調整委員会という機関が介入して、紛争解決のあっせんや調停、仲裁などを行います。なお、公害が原因である損害賠償の求めに対しては、公害等調整委員会が行政審判として、賠償額の裁定などを行うこともできます。

また、建築工事の請負に関する紛争処理手続きについても、建築工事紛争審査会が設置され、建設業法に関係する紛争に対する、解決のあっせんや調停、仲裁などを行うことができます。

あっせん・調停・仲裁

・あっせん
対立当事者に話合いの機会を与え、第三者が双方の主張を考慮して紛争を終結（和解）に導こうとする制度。
・調停
対立当事者間の話合いの際に、調停案を示して、それを受け入れるように勧めて、紛争を解決しようとする制度。
・仲裁
あっせんや調停と異なり、和解によることはなく、第三者が裁判での判決に代わる判断を下すことを求める制度。

行政訴訟の類型

行政活動から不利益を受けた者は、直接裁判所に対して救済を求めることができる

■ 行政訴訟とは

行政処分などを直接に予防したり除去したりするために、裁判所に訴訟を提起する場合を**行政訴訟**といいます。行政訴訟については行政事件訴訟法に訴訟の類型が規定されており、その類型は、主観訴訟と客観訴訟に分けられます。

主観訴訟とは、個人の権利義務に関する訴訟です。わが国の司法権は基本的には主観訴訟を扱うものとされています。主観訴訟はさらに、抗告訴訟と当事者訴訟に分けられます。抗告訴訟とは、行政庁の公権力の行使に関する不服の訴訟です。行政事件訴訟法のメインになる訴訟です。当事者訴訟とは、権利主体間の権利義務の争いを直接に解決することを目的とする訴訟です。**客観訴訟**とは、個人の権利義務に関わりはないものの、法律によって提起が認められている訴訟です。これには民衆訴訟と機関訴訟があります。

■ 主観訴訟の類型

① 抗告訴訟

抗告訴訟は、さらに法定抗告訴訟と法定外抗告訴訟に分類されます。**法定抗告訴訟**とは、行政事件訴訟法が規定を置いている訴訟類型を指します。現在、法定抗告訴訟は、ⓐ処分取消しの訴え、ⓑ裁決の取消しの訴え、ⓒ無効等確認の訴え、ⓓ不作為の違法確認の訴え、ⓔ義務付けの訴え、ⓕ差止めの訴えの6種類が規定されています。

これに対して、**法定外抗告訴訟**とは、行政事件訴訟法に訴訟

行政訴訟のしくみ

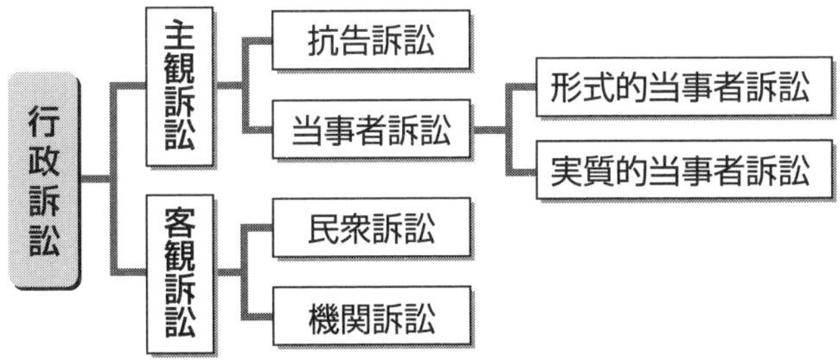

類型として規定されていない訴訟類型をいいます。法定抗告訴訟の類型は例示であり、私人の権利・利益を救済するために、その他の訴訟類型が認められる余地があると考えられています。

② **当事者訴訟**

当事者訴訟については、実質的当事者訴訟と形式的当事者訴訟に分類されています。**実質的当事者訴訟**は、公法上の法律関係に関する訴えです。**形式的当事者訴訟**とは、行政処分について、関係当事者同士が訴訟で争うと法律により定められた訴訟類型をいいます。

■ 客観訴訟の類型

① **民衆訴訟**

国または公共団体の機関の法規に適合しない行為の是正を求める訴訟で、選挙人たる資格その他自己の法律上の利益に関わらない資格で提起するものです。

② **機関訴訟**

国または公共団体の機関相互間の権限の存否またはその行使に関する紛争についての訴訟です。たとえば、地方公共団体の長と地方議会が、議会の決議の有効性について争う訴訟などが挙げられます。

実質的当事者訴訟の例

たとえば公務員の地位確認のための訴えなどがある。

形式的当事者訴訟の例

たとえば、土地収用の場合に、収用裁決をめぐり、土地の補償額（損失補償）について、土地の所有者と起業者が争う場合などがある。

民衆訴訟を提起することができる者

客観訴訟の一種である民衆訴訟は、本文に記載されているように、個人の権利義務に関係がない。しかし、誰でも訴えを提起できるのではなく、法律に定められた者のみが提起できるという制度が採られている。たとえば選挙に関する訴訟では、選挙人であれば提起可能であるというように、自己の利益に無関係の資格で提起することができる。

PART7
8

行政争訟法

抗告訴訟の類型

行政事件訴訟法は６種類の抗告訴訟を規定している

■ 抗告訴訟とは

行政庁の公権力の行使に関する不服の訴訟を**抗告訴訟**といいます。行政事件訴訟法では、以下の６種類の抗告訴訟が規定されています。

①　処分の取消しの訴え

行政庁の処分その他公権力の行使にあたる行為の取消を求める訴訟を処分の取消しの訴えといいます。この行為には、次に説明する裁決の取消しの訴えの対象になる、裁決・決定その他の行為は含まれません。

抗告訴訟の中では中心をなし、最も多用されている訴訟類型だといえるでしょう。

裁決
審査請求・再審査請求に対する審査庁・再審査庁の判断のこと。

②　裁決の取消しの訴え

審査請求、異議申立てその他の不服申立てに対する行政庁の裁決、決定その他の行為の取消しを求める訴訟を裁決の取消の訴えといいます。ここで、審査請求、異議申立てとは、行政不服審査法に基づいて行政処分の相手方が行政機関に対して不服申立てをすることです。また、裁決・決定とは、不服申立てに対する審査庁・処分庁の判断をいいます。

③　無効等確認の訴え

処分もしくは裁決の存否またはその効力の有無の確認を求める訴訟を無効等確認の訴えといいます。無効な処分であっても、その外形がある限り不利益を受ける危険性があるので、その法的な無効を裁判所で確認してもらうために提起します。

④　不作為の違法確認の訴え

抗告訴訟のしくみ

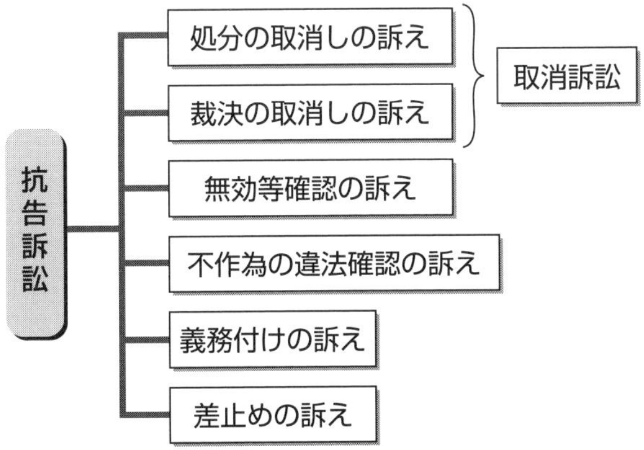

行政庁が法令に基づく申請に対し、相当の期間内に何らかの処分または裁決をすべきにもかかわらず、これをしないことについての違法の確認を求める訴訟を不作為の違法確認の訴えといいます。

不作為
行政庁がある行政処分をしない場合のように、積極的な行為をしないこと。

⑤　義務付けの訴え

一定の要件の下で、行政庁が処分または裁決をすべきことを命ずる判決を求める訴訟を義務付けの訴えといいます。

行政庁がすべき処分または裁決を何もしない場合は、この義務付けの訴えで十分な救済となります。しかし、実際に違法な処分がすでにされている場合は、その処分の取消しの訴えと併行してあるべき処分の義務付けの訴えを提起することになります。

⑥　差止めの訴え

行政庁が一定の処分または裁決をすべきでないにもかかわらず、これがなされようとしている場合において、行政庁がその処分または裁決をしてはならないことを命じる判決を求める訴訟を差止めの訴えといいます。

PART7
9

行政争訟法

取消訴訟中心主義

抗告訴訟の典型である取消訴訟に関する規定は他の訴訟類型にも準用されている

■ 取消訴訟とは

PART 7－8で説明した「処分の取消しの訴え」と「裁決の取消しの訴え」は、行政庁の行った行政処分を取り消すための訴訟です。この２つの訴訟を**取消訴訟**と呼んでいます。取消訴訟に勝訴することで、行政庁の処分・裁決の効力を遡って消滅させることができます。取消訴訟は、国民がもっとも望む救済方法ですので、非常に重要な訴訟類型です。

処分と裁決の違い

処分とは、行政行為と同義に扱われ、行政側が一方的に、国民の権利義務関係に変動をもたらす行為をいう。一方、裁決とは、行政不服審査法に基づき審査請求が行われた場合に、審査庁が下す判断をいう。

■ 取消訴訟中心主義とは

行政事件訴訟法は、取消訴訟について詳細な手続きを定めて、それを他の訴訟類型についても、同様に取り扱うと規定（準用）しています。このように、取消訴訟を規定の中心に置く構造を指して、**取消訴訟中心主義**と呼んでいます。そのため、取消訴訟は、抗告訴訟の最も重要な訴訟類型として、典型例として挙げられ、抗告訴訟の基本形であるといわれています。

もっとも、平成16年に行政事件訴訟法が改正され、抗告訴訟の類型に、義務付けの訴えや差止めの訴えという、かつては法定外抗告訴訟に含まれていた訴訟類型が、法定抗告訴訟に追加されました。これに伴い、抗告訴訟の訴訟類型は多様化され、取消訴訟とは大きく性質の異なる訴訟類型までもが、抗告訴訟として扱われることになりました。そのため現在では、取消訴訟中心主義の重要性は、相対的に弱くなっているともいわれています。

法定外抗告訴訟

行政事件訴訟法が規定する、抗告訴訟の訴訟類型は6種類ある。これらは法定抗告訴訟と呼ばれるが、法定抗告訴訟以外の訴訟類型は認められないという趣旨ではないと考えられており、行政事件訴訟法に規定がない抗告訴訟の類型を法定外抗告訴訟という。

取消訴訟中心主義の内容

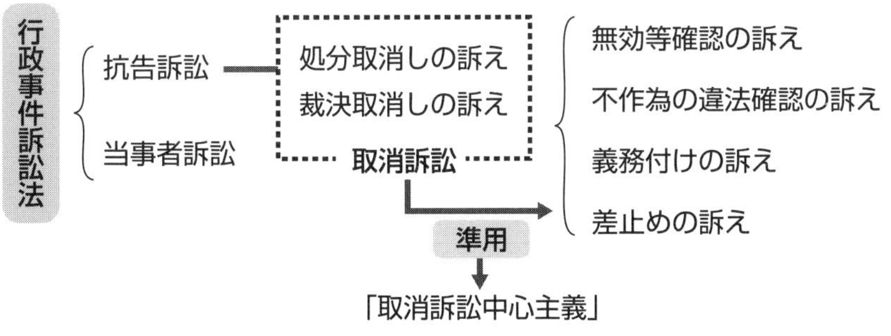

■ 取消訴訟の排他的管轄との関係

行政行為の性質上、その効力は容易に覆されてしまうと、行政行為の相手方である一般私人は、不安定な法的地位に置かれることになります。そのため、行政行為に何らかの欠陥（瑕疵）がある場合であっても、取り消されるまでは、有効な行政行為として扱われるという効力をもっています。これを公定力と呼ぶことは、80ページで見た通りです。

そこで、行政行為を取り消すためには、行政機関自らが取り消す職権取消しによるか、取消訴訟による取消し（いわゆる争訟取消し）による必要があります。これを行政救済法の観点から考えてみますと、取消訴訟以外の訴訟類型によっては、行政行為の取消しを求めることはできないことを意味します。これを**取消訴訟の排他的管轄**といいます。

取消訴訟中心主義といわれるように、行政事件訴訟法は取消訴訟を構造の中心に置いて、他の訴訟類型を位置付けているということができます。そのような特別の訴訟類型を設けた以上は、行政行為の取消しを求める者は、取消訴訟を用いなければならないという、取消訴訟の排他的管轄が導かれます。

行政行為の瑕疵と公定力

行政行為が持つ公定力に関する原則は、本文記載の通りである。しかし、行政行為の瑕疵が重大で明白である場合等には、当然に無効にするべき行政行為として、公定力は生じないと考えられている。

PART7
10

行政争訟法

取消訴訟の訴訟要件①

国民の権利義務に関わる処分性の有無は最も重要な要件である

■ 取消訴訟の訴訟要件

訴訟要件とは、訴訟が適法な訴えとして認められるための条件のことです。訴訟要件を欠く訴えは、不適法な訴えであるために、却下判決が下されます。いわゆる門前払いを受けるために、審理を求めたい内容について、裁判所の判断を受けることができません。

取消訴訟の訴訟要件は、一般に、主観的訴訟要件と客観的訴訟要件に分類されます。主観的訴訟要件には、①処分性、②原告適格、③訴えの利益が含まれるといわれています。そして、客観的訴訟要件としては、①管轄、②出訴期間、③審査請求前置、④被告適格、⑤適法な教示などを挙げることができます。

■「処分性」の要件とは

取消訴訟とはいっても、行政活動について何でも訴えの対象となるわけではありません。行政事件訴訟法３条２項では、国または公共団体が行う行為のうちで、「行政庁の処分その他公権力の行使に当たる行為」として、当該行政活動に処分性があることを訴訟要件としています。処分性の要件は、上記の通り主観的訴訟要件のひとつであり、訴えの対象を決定する最も重要な要件であるといえます。

どのような行為に処分性があるかについて、判例は「直接国民の権利義務を形成し、またはその範囲を確定することが法律上認められているもの」が処分性のある行政行為であるとして、直接国民の権利義務に関わるものに処分性を認めています（東

訴訟要件と本案勝訴要件

訴訟要件とは、訴訟提起自体を裁判者に認めてもらうための要件である。
訴訟要件が認められない場合、却下といういわば門前払いの判決を受ける。
これに対して、本案勝訴要件（勝訴判決を受けるための要件）とは、訴訟要件があることを前提として、訴訟の中身（本案）で勝訴をつかむための要件である。抗告訴訟の本案勝訴要件は、問題になっている行政処分等の根拠規定に、その処分が違反しているかどうかなどにより判断されるといわれている。

処分性について

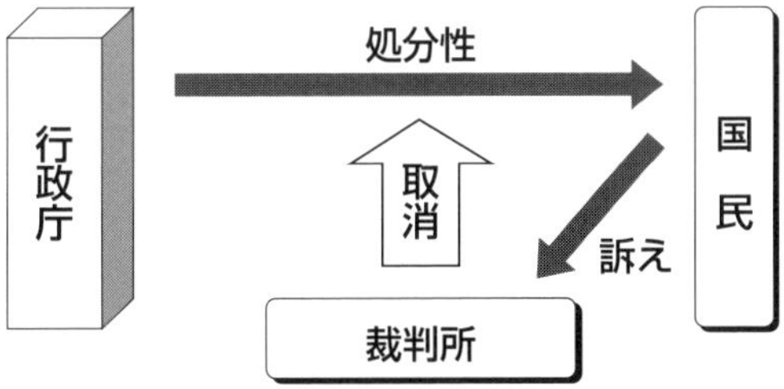

京都ゴミ焼却場事件)。なお、この定義は、行政行為の定義としても用いられています。この定義をもとに、判例は行為の性質ごとに柔軟に処分性を判断していると考えられています。

処分性
直接に国民の権利を制限したり義務を課したりする性質のこと。

処分性の要件を設けている意味については、おもに公権力の行使にあたる行為のみが取消訴訟の対象になるとしていることで、取消訴訟の対象を絞り明確にしていることが挙げられます。また、それとあわせて、処分性が認められる行政活動に関しては、公法上の当事者訴訟や民事訴訟によって、救済を求めることはできないことも意味していると考えられています。

■ 処分性の判断基準

前述した東京都ゴミ焼却場事件に関する判例の定義を分析してみますと、処分性の判断基準について、公権力性と直接的な法的効果の２つが、処分性の判断基準として用いられているということができると考えられます。

東京都ゴミ焼却場事件
最高裁判決昭和39年10月29日。行政処分についての定義が示された事件である。また、学問上の概念である行政行為の定義は行政処分概念と重なるとして、行政行為概念についての判例の立場が示された事件だといわれている。

① 公権力性

処分性が認められるためには、問題になっている行政活動に公権力の行使であると認められることが必要になりますが、この公権力性の判断にあたっては、ⓐその行政活動によって、一般国民の意思にかかわらず、一方的に法律関係に変動がもたらされているか、そして、ⓑその行政活動に対する不服を訴える訴訟類型が他に存在せず、公定力が認められるような行政活動であることが、基準になっているといわれています。

公定力
取り消されるまでは、その行政活動は有効であると扱われる効力。

② 直接的な法的効果

また、問題になっている行政活動によって、ある特定の国民（個人）に対して、直接・具体的な法的効果が発生し、そのために法的地位に変動を与えたといえることが、処分性を認める上で重要な要素になっています。取消訴訟は抗告訴訟の典型であるわけですが、抗告訴訟は主観訴訟であり、個人の権利・利益に関する不服を争う訴訟であるという性質から考えても、この直接的な法的効果を持つことが、処分性を認める上で必要な要素だといえるでしょう。

主観訴訟
170ページ参照。

■ 処分性が認められる行政活動の典型例

処分性が認められることに関して、争いがない行政活動の類型が存在します。許可や認可、下命や禁止に関する行政活動に対しては、前述した判断基準に照らして、処分性が認められると判断することで、異論はほとんど見られません。たとえば、違法な建築物などに対する除却命令や、営業禁止命令に対して、違法と考える場合には、これらを行政処分として、裁判所に対して取消訴訟を提起することができると考えられています。

■ 処分性の有無が問題になる事例

さまざまな行政行為について、具体的に処分性があるかどうかが裁判上争われてきました。

① 行政の内部的行為

墓地埋葬法に関する厚生省部長通達のように、行政内部の命令である通達には処分性は認められにくいようです。もっとも、行政規則（通達など）の「外部化現象」と呼ばれるように、直接的な法的な効果が認められる場合には、例外的に処分性が認

通達
各省庁などの行政官庁が扱う事務に関して法令の解釈や運用の指針などを職員などに対して知らせること。

処分性の有無が問題になる事例

行為形式	具体例	処分性の有無	
行政の内部行為	訓令・通達など	〈原則〉 ×	〈例外〉 ○
事実行為	戒告など	×	
一般的な行為	行政計画など	〈原則〉 ×	〈例外〉 ○
私法上の契約	公害防止協定など	×	

処分性の有無
×：処分性を認めることが難しい　○：処分性が認められる場合がある

められる余地があるといわれています。

②　事実行為

保険医に対する知事の戒告や中学校生徒心得など、法的効果をもたない事実行為も処分性は認められにくいといえます。戒告や生徒心得だけでは、法的な義務が発生しないからです。また、マンション建設業者に周辺住民との協議を求めるといった、国民に任意の協力を求めるよう指導したりする行為も、法的義務を発生させないため処分性は認められにくいといえます。

③　一般的な行為

法令・条例といった一般的な規範や行政計画は、従来直接に国民の権利義務を形成しないので、処分性が否定されていました。判例も土地区画整理事業計画の処分性が争われた事案で取消訴訟の対象とはならないとしていました（いわゆる青写真判決）。しかし、最近になって、処分性を認め、従来の判例を変更する判決が相次いでおり、処分性を認める余地が生じました。

④　私法上の契約

国有財産の売却や公害防止協定などは私法上の契約なので、たとえ行政庁が主体となっていても、処分性はありません。

条例
地方公共団体が制定する自主立法。条例は、法律の範囲内で制定される。

私法上の契約
請負契約のように国民同士でも結ぶことができる契約のこと。一方、公務員の勤務契約などの行政に固有の契約を「公法上の契約」という。

PART7
11

行政争訟法

取消訴訟の訴訟要件②

取消訴訟は法律上の利益を持つ者のみが原告になり得る

■ 原告適格とは

取消訴訟は誰でも提起できるわけではありません。たとえ行政処分がなされたとしても、何の関係もない人がそれを争って訴訟を提起できるとすると、裁判所は渋滞状態になってしまいます。また、訴訟は利害関係のある当事者が真剣に取り組むからこそ、法的拘束力のある判決を下すことができるのです。

そのため、提起できる資格を限定して、その資格のない者の訴えは訴訟要件を欠くものとして、却下すべきとされています。この資格を**原告適格**といいます（行政事件訴訟法９条）。

訴訟要件

裁判を提起した場合に、訴えが適法になるための要件をいう。訴訟要件を満たさない訴えは、却下判決が下され、審理を望む事項に対する裁判所の判断は示されない。

却下

行政手続きにおける不服申立てまたは訴えの手続きが適法になされていないことを理由に門前払いすること。出訴期間が過ぎているような場合には、訴えの却下がなされる。

■「法律上の利益を有する者」とは

取消訴訟の原告適格について、行政事件訴訟法９条１項は、「法律上の利益を有する者」に限って、原告適格が認められると規定しています。そして、この「法律上の利益を有する者」という言葉の意義をめぐって、学説において争いが存在します。

１つは、法律上保護された利益説と呼ばれる立場で、判例の立場であるといわれています。この見解は、問題になっている行政活動の根拠法令が、個人の利益を保護することを目的にしていると解釈できる場合には、一般国民（個人）の原告適格が認められるという立場を採ります。

これに対して、もう一方は、法的な保護に値する利益説と呼ばれる見解で、問題になっている行政活動により侵害される利益が、根拠法令にかかわらず、法的な保護を与える価値があるような利益であるか否かを問題にする立場をいいます。

利益説

法律上保護された利益説では、原告適格が認められる範囲が狭すぎるために、救済の範囲を広げる目的で主張されている。

取消訴訟と法律上の利益を有する者

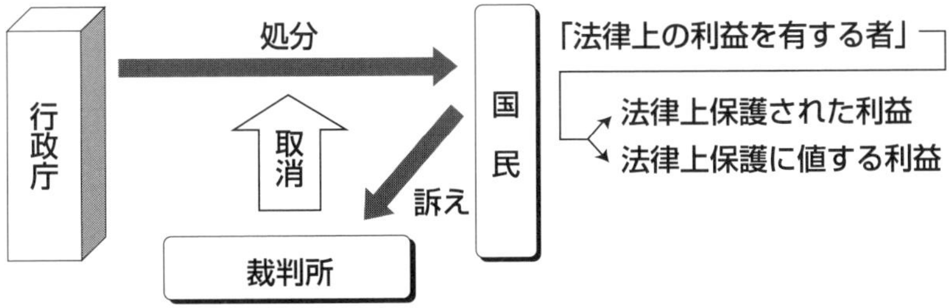

■ 原告適格認定の考慮事項

判例の立場は、前述のように法律上保護された利益説に立って、原告適格が判断されるわけですが、判断にあたっては、法律が一般的な公益ではなく、個々人の利益についてまでも保護しているといえることが必要であり、行政活動により自分の権利・利益が侵害されているといえる必要があります。

この原告適格の有無を判断するにあたって考慮しなければならない事項について、判例の動向を反映する形で、行政事件訴訟法９条２項に解釈の指針となる規定が置かれました。この規定によれば、根拠法令の解釈にあたっては、①法令の趣旨および目的を考慮しなければならないこと、②法が保護していると考えられる利益の内容や性質を考慮しなければならないこと、③根拠法令ばかりではなく、その法令と目的が共通している関係法令についても併せて判断しなければならないこと、そして、④行政活動により侵害されることになる利益の内容や性質、侵害の態様や程度まで含めて考慮しなければならないことが規定されています。

行政事件訴訟法９条２項で定められた解釈指針を見るとわかるように、原告適格の判断にあたってはさまざまな要素を総合的に判断する必要があります。解釈の指針となる規定が設けら

法令の趣旨

法令の趣旨とは、その法令で定められている内容を指す言葉として用いられる。これに対して法令の目的とは、その法令が制定された意義を表す言葉として用いられる。

れたことにより、法律上の利益説に立っても、関係法令まで合わせて考慮しなければならなくなったために、前述した2つの学説の立場は近づき、かつてのように結論に大きな差が生じなくなっています。

■ 処分を受ける直接の相手方の原告適格

問題になっている行政処分の相手方について考えてみましょう。実は、直接の相手方については、ほとんどの場合に原告適格が認められることになります。また、これは上記の見解の対立にかかわらず、同じ結論になります。何らかの行政処分を行う場合に、その根拠法令が直接の相手方の利益を考えずに、処分を行うことなど、通常は考えられません。そして、行政処分を受けた者は、それによって直接自らの権利や利益に影響を受けることになりますので、原告適格を認めることは容易だということができます。

■ 第三者の原告適格とは

これに対して、行政処分の直接の相手方以外の第三者に対する原告適格の有無を判断することは、非常に困難な問題を含んでいます。これを第三者の原告適格の問題といいます。実際のところ、学説上の争いをはじめ、取消訴訟の原告適格が問題になる場合のほとんどは、行政処分の直接の相手方ではない、第三者の原告適格に関する問題がほとんどといってよいと考えられます。つまり、どこまでの範囲の者にまで、原告適格を拡大することが許されるのかという問題だといえます。

■ 判例の立場

ここでは、とくに第三者の原告適格に関する問題を念頭に置きながら、判例において原告適格がいかに認められるのかに関して、考えてみましょう。判例は「ジュース不当表示事件」と

第三者の原告適格

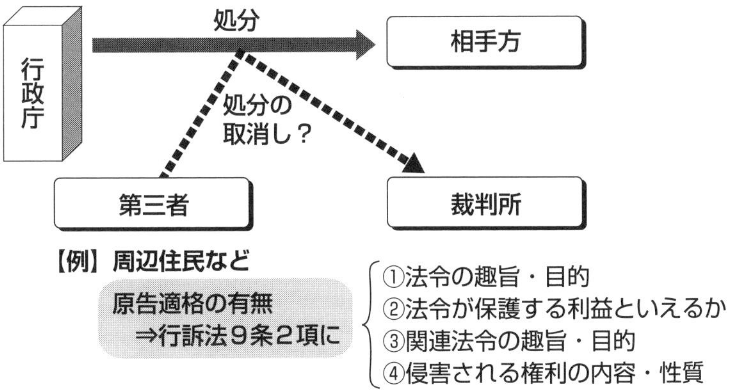

いう訴訟で、「法律上保護された利益を有する者」に原告適格を認める判示をしました。つまり、処分の根拠である法律によって保護された利益をもつ者でなければ、原告適格が認められないことになります。

では、誰が法律によって保護された利益を有する者なのでしょうか。判例は原子炉設置許可処分無効確認訴訟で、処分の根拠となった法令の文言だけではなく、法令の趣旨・目的、処分において考慮されるべき利益の内容・性質についても考慮して判断すべきであると判示しました。これを受けて上記の行政事件訴訟法９条２項に「法律上の利益を有する者」についての解釈規定が置かれることになりました。その後の判例においては、都市計画法上の開発許可に関する事例などで、生命・身体等への直接的な被害の有無を考慮事項に含めて判断するなど、原告適格の範囲を拡大する傾向を見せています。そして、小田急高架訴訟判決において、一定の範囲で、周辺住民等という、行政処分の直接の相手方ではない第三者に対しても、原告適格が認められる場合が見られるようになっています。

ジュース不当表示事件

最高裁判決昭和53年３月14日。一般消費者の原告適格を否定した判決であるといわれている。

原子炉設置許可処分無効確認訴訟

最高裁判決平成４年９月22日。もんじゅ訴訟判決と呼ばれることもある。行政事件訴訟法９条２項が規定されるきっかけになった事件であるといわれる。

都市計画法上の開発許可に関する事例

最高裁判決平成９年１月28日。

小田急高架訴訟判決

最高裁判決平成17年12月７日。一定の範囲内で、周辺住民に対して原告適格が認められた。

取消訴訟の訴訟要件③

利益の確実性と、処分後に生じた事情の変更に応じて、判断される場合が多い

■ 訴えの利益とは

取消訴訟で、原告が勝訴判決を受けても、そもそも、問題になっている行政活動の効果を消滅させても、原告の利益が回復できないのであれば、取消しを行う意味がありません。そこで、取消訴訟の訴訟要件として、行政処分を取り消すことの実際の必要性がなければならないと考えられています。これを（狭義の）**訴えの利益**といいます。

ここで注意したいのが、訴訟要件（176ページ以下参照）である処分性、原告適格と、（狭義の）訴えの利益とをあわせて、広義の訴えの利益と呼ぶ見解も存在することです。一般に、訴えの利益といった場合には、狭義の訴えの利益を指しますので、以下では、狭義の訴えの利益に関して見ていきましょう。

■ 訴えの利益の判断基準

訴えの利益は、どのような基準に従って判断されるのでしょうか。利益の確実性と、処分後に生じた事情の変更に応じて、判断される場合が多いと考えられます。

まず、**利益の確実性**に関しては、取消訴訟によりある行政処分が取り消されることによって、原告に何らかの利益がなければなりません。しかもここでの利益とは、事実上の利益ではなく、法律上の利益のことを指します。勝訴しても、原告が何ら利益を得られない場合には、取消訴訟自体が無意味になってしまうおそれがあるためです。もっとも、ここでいう利益とは、取消判決によって、確実に生じる利益であることが保証されて

訴えの利益

- 訴えの利益
  - （狭義）訴えの利益（客観的訴えの利益）
  - 原告適格（主観的訴えの利益）
  - 処分性

いなくてもよいといわれています。

次に**処分後の事情変更**に関してですが、行政処分が行われた後の、何らかの事情の変化のために、訴えの利益が影響を受けていないか否かを調べる必要があります。たとえば、問題になっている行政処分の期間が満了した場合や、処分を定めていた法令の改廃があった場合、または原告側に取消訴訟以外に採り得る措置があったか否かが問題になり、訴えの利益の有無が判断されます。

■ 訴えの利益が消滅する場合とは

行政処分が行われた後の事情の変更によって、訴えの利益が消滅する場合があります。それは、処分から時間が経過したことにより原告が、回復が可能な利益を失ってしまっている状態です。とくに違法な建築確認について争っている間に、それに基づく工事が完了してしまった場合などが挙げられます。工事が完成してしまえば、その前段階である建築確認の違法性を争っても、原告にとっても無意味ですので、訴えの利益を欠くと判断されることになります。なぜなら、建築確認は適法な建築行為の前提として受けるため、工事が完了した時点で効果が消滅しているためです。

事情判決

訴えの利益を欠くと思われる場合でも、それが原状の回復が困難であるだけであれば、事情判決が下され、完成した建物等を取り壊すことはしないが、違法であることを宣言して、原告の訴え自体は棄却するという方法が採られる。

PART7
13

取消訴訟の訴訟要件④

行政争訟法

処分・裁決を知った日から６か月以内、または処分・裁決があった日から１年以内が出訴期間である

■ 出訴期間はどのくらいなのか

取消訴訟はいつでも提起できるわけではありません。出訴期間という訴訟提起の期限があります。行政処分の効力が、長く不安定な状態に置かれることを防ぐために設けられています。これにより、行政処分の早期安定が図られます。行政事件訴訟法14条は原則として、①処分・裁決を知った日から６か月以内、または②処分・裁決があった日から１年以内を出訴期間と定めています。

出訴期間の例外

本文に記載したように、出訴期間には処分等を知った時から6か月以内、処分等が行われてから1年以内に取消訴訟を提起しなければならないが、正当な理由があれば、例外的に取消訴訟を提起することができるとして、出訴期間の例外が規定されている。

■ 不可争力との関係

出訴期間が定められているのは、いつまでも行政処分の効力を争うことができるとしておくことによって、法律関係が確定しないという不都合を避けるために、期間経過により画一的に法律関係を確定させることが目的であるといわれています。そのため、出訴期間が経過することによって、それ以後は、国民の側から、問題になっている行政処分の取消しを求めることはできなくなります。行政処分は、学問上の用語である行政行為とほぼ同義で用いることができますが、このように行政処分が、一定の期間を経たことにより、もはや不服であるとして、争うことができなくなる効力を**不可争力**といいます。公定力などとともに、行政行為が持つ１つの効力であるといわれています。不可争力は、取消訴訟に出訴期間が規定されていることによって生じる特殊な効力であるということができます。

出訴期間と不可争力

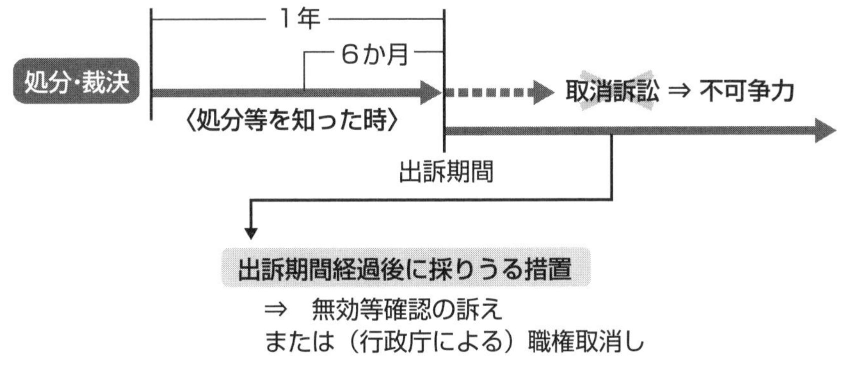

■ 出訴期間が経過してしまった場合にとり得る方法

出訴期間が経過してしまうと、もはや一般国民は、問題になっている行政活動の効力を消滅させるために、取消訴訟を提起することはできません。では、出訴期間が経過してしまった後に、一般国民が採り得る方法はないのでしょうか。

まず、出訴期間は、紛争の蒸し返しを防止する機能があるために、出訴期間が経過した後であっても、行政機関が自ら行政活動の効力を消滅させることはできます。つまり、職権取消しを行うことができます。

また、一般国民の側も、再び取消訴訟を提起することはできませんが、同一の行政活動に関して、無効等確認訴訟に訴える方法は残されています。無効等確認訴訟には、出訴期間が設けられておらず、いつまでもその行政活動の効力に関する訴えを提起することができます。もっとも、判例においては、無効等確認訴訟を提起するためには、問題になっている行政活動が持つ欠陥（瑕疵）が、重大で明白でなければならないと考えられています。

PART7
14

取消訴訟の訴訟要件⑤

行政争訟法

取消訴訟と不服申立てに優劣関係はなく原則としてどちらを提起してもよい

■ 被告適格とは

被告として訴えるべき相手方の資格を**被告適格**といいます。知事などを訴える場合も、行政庁の所属する国・公共団体を被告とします。国民は、行政内部の事情に詳しくないのが一般的ですから、行政活動の取消しを求めようとした場合であっても、誰を被告に訴えを提起すべきか、誤ってしまうおそれが多分にあります。このように、原告が詳しく知ることができない事情が原因で、原告の訴訟が不適法になってしまっては、取消訴訟が活用し難い訴訟になってしまうため、原告は、行政主体を被告として訴えることができます。

行政主体
国や地方公共団体のこと。

■ 裁判所の管轄

取消訴訟であれば、どの裁判所に提起してもよいというものではありません。各裁判所には事件を分担する定めがあり、これを**管轄**といいます。この管轄を守って訴訟を提起しないと、訴えは却下されてしまいます。管轄は、被告の普通裁判籍の所在地を管轄する裁判所か、処分などを行った行政庁の所在地を管轄する裁判所になっています。また、国などを被告とする場合には原告の所在地を管轄する高等裁判所の所在地を管轄する地方裁判所にも提起できます。

■ 教示制度について

訴訟要件は専門的でわかりづらくなっています。そこで、取消訴訟を提起することができる処分をする場合には、被告とす

不服申立てとの関係

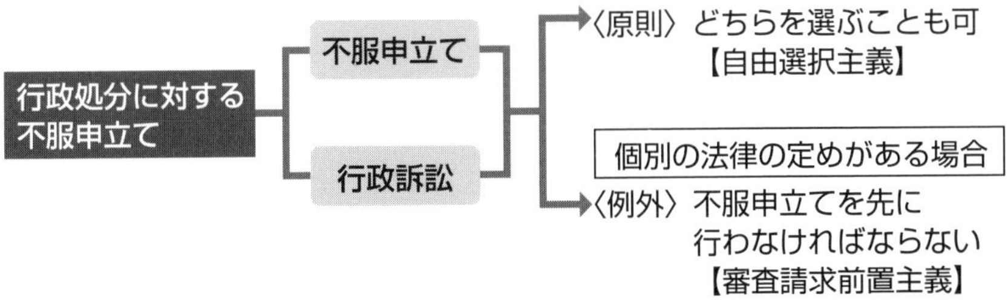

べき者、出訴期間、前もって不服申立てをする必要性がある場合はそのことを書面で教示しなければならないとしました。ただし、取消訴訟を提起することができる処分を口頭でする場合には、書面で教示する必要はありません。

教示制度を規定した条文

行政事件訴訟法46条本文が規定している。

■ 不服申立てと取消訴訟との間の優劣関係

行政争訟はおもに、不服申立て（審査請求）と行政訴訟（取消訴訟など）の2つに分類されますが、不服申立てと取消訴訟のどちらも提起することができる場合が考えられます。この場合に、両者の間に優劣関係などはあるのでしょうか。

行政事件訴訟法は、不服申立てと行政訴訟との両方を申し立てることができる場合には、原則として、原告は自由にどちらを選択することもできると規定しています。これを**自由選択主義**といいます。また、行政不服審査法では、自由選択主義自体は残されていますが、審査請求前置主義を定めた法律の規定は、少なくなっています。これは、原告に選択の余地を与える部分は残しておきながらも、憲法上の権利でもある裁判を受ける権利を保障することにあります。つまり、直ちに裁判所に行政訴訟を提起することができる制度を、国民に保障しているということができるでしょう。

裁判を受ける権利

独立・公平な裁判所において、平等に権利・自由の救済を受けることができ、裁判所以外の機関により裁判されることがないということを内容とする憲法32条で保障されている人権。

PART7
15

行政争訟法

取消訴訟の審理と判決

取消訴訟で、原告が処分の違法を主張する場合には一定の制限がある

■ 取消訴訟の審理

取消訴訟の審理といっても、国民同士が争う民事訴訟の審理方法と基本的には似ています。原告である国民と被告である国・公共団体が対席して、裁判所の前でお互いの主張を述べて、それを裏付ける証拠を提出しつつ事実関係を争います。裁判所は、そこから得た心証に従って判決を下します。

心証
担当する訴訟事件について、裁判官が内心で決定した事実に対する判断内容をいう。

ただ、証拠の提出は原告と被告にまかせるのが原則ですが（弁論主義）、裁判所が積極的に証拠調べをすることもあります（職権証拠調べ）。行政訴訟は民事訴訟よりも公益性が強いからです。

また、証拠となる資料は行政庁に保管されていることが多いので、そのまま審理をしたのでは原告にとっては不利になります。そこで、裁判所が行政庁に対して、裁決の記録や処分の理由を明らかにする資料の提出を求めることができます。

■ 違法主張の制限

取消訴訟で、原告が処分の違法を主張する場合、以下の制限があるので注意する必要があります。

①　自己利益関連性

原告は、自己の法律上の利益に関係のない違法を理由として、取消しを求めることはできません。

②　原処分主義

原告が、処分に対して行政上の不服申立てをして、棄却の裁決が下されたとします。ここで、原告がもととなった処分（原処分）の取消訴訟と裁決の取消訴訟の両方を提起できるとき、

原処分主義と裁決取消しの訴え

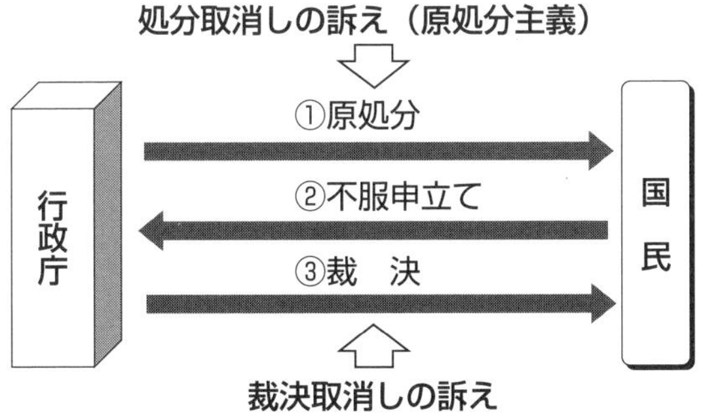

裁決の取消訴訟では、原処分の違法を主張することはできず、裁決自体の違法を争います。裁決自体の違法とは、裁決での手続違反などのことです。原処分の違法は、原処分の取消訴訟で主張することになります。これを**原処分主義**といいます。

■ 取消訴訟の判決

審理の結果、訴訟要件を満たしていない場合、訴えは却下されます。原告の請求に理由がなければ棄却されます。

原告の請求に理由があれば、認容判決が下されます。違法か否かを判断する基準時は、処分時とするのが判例です。認容判決により、処分については、その全部または一部が取り消され、法的効果のない事実行為については、全部または一部が撤廃されます。ただ、処分を取り消すと公の利益に著しい障害を生じる場合には、裁判所の裁量によって請求を棄却することができます。これを**事情判決**といいます。たとえば、工事の許可処分の場合に、工事がすでに大部分進んでおり、処分を取り消して、解体すると多額の費用がかかり公共の福祉に反してしまうような場合に事情判決がなされます。事情判決がなされた場合、判決主文で処分が違法であることを宣言しなければなりません。

裁決

行政不服審査法に基づく、審査請求や再審査請求において、審査庁が下した判断を指す。一般に、却下裁決、棄却裁決、認容裁決の3種類が存在するといわれている。

却下と棄却

却下とは、ある請求が行われた場合に、請求自体が不適法である場合に下される。これに対して、棄却とは、請求に理由がない場合に下される判断をいう。

取消訴訟の判決

判決の確定の効力としては、形成力・既判力・拘束力がある。

公共の福祉

一般的には、社会的な共同生活の利益のこと。公共の福祉は人権を制約する根拠となる。公共の福祉が人権を制約する根拠として明示されている憲法の条文は、12条、13条、22条1項、29条2項である。

PART7
16

執行停止

判決を待っていたのでは大変な損害が発生する場合に備えて、例外的に裁判所が執行を停止できる制度

■ 執行不停止の原則

行政庁の処分に対して不服のある者は、原告として取消訴訟を提起できます。そして、原告の請求を認容する判決が下れば、処分のときに遡って効力は消滅します。

ただ、判決が下るまでは、処分は有効なものとして扱われ、処分の執行は停止されません。取消訴訟が提起されるたびに処分の執行が停止されてしまうのでは、行政の円滑な運営が妨げられることになり、処分を妨害する目的で訴訟が提起される（濫訴）可能性もあるからです。これを**執行不停止の原則**といいます（行政事件訴訟法25条１項）。行政行為の特殊な効力の１つに公定力と呼ばれる効力があることは前述しました。公定力は、取り消されるまでは、行政行為に何らかの欠陥（瑕疵）があっても、有効な行為であると扱われることから、執行不停止の原則が導かれるといえます。一般の民事訴訟では、判決が出るまでの間の、原告の権利を暫定的に救済する措置として、民事保全法上の仮処分という方法を採ることができますが、行政行為については、民事保全法上の仮処分を用いることができないと行政事件訴訟法が規定しています。

■ 執行不停止の例外

執行不停止が原則といっても、判決を待っていたのでは大変な損害が発生する場合もあります。そのような場合に備えて、例外的に裁判所が執行を停止することができます。

裁判所は、損害の回復困難の程度、損害の性質・程度、処分

執行停止の手続き

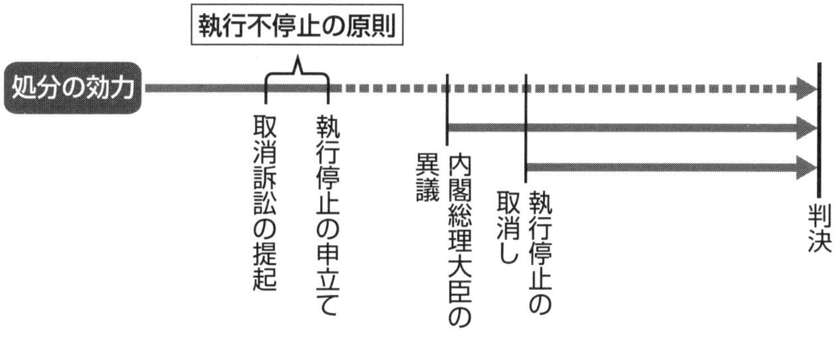

の内容・性質などを考慮して、①適法に取消訴訟が提起されていることと、②重大な損害を避ける緊急の必要がある場合に、執行停止を認めます。ただし、執行停止によって公共の福祉に重大な影響を与えるおそれがあるときや、本体の取消訴訟で原告に勝訴の見込みがない場合には、執行停止は認められません。

具体例としては、入管行政において、在留外国人に対して国外退去が命じられた場合、訴訟で争う前に申立てがされるケースがあります。

■ 内閣総理大臣の異議

例外的に執行停止がなされても、それに対して内閣総理大臣が異議を述べることが、行政事件訴訟法では認められています。内閣総理大臣の異議が述べられると、裁判所は執行停止を取り消さなければならなくなります。

この制度については、行政府の司法府に対する越権行為（三権分立違反）であるとして、憲法違反と考える見解があります。

一方で、もともと行政に関することなので越権行為ではなく、合憲であると考える見解もあります。

内閣総理大臣の異議

行政処分の執行停止に対して、内閣総理大臣が異議を述べること（行政事件訴訟法27条）。内閣総理大臣から異議が述べられた場合には、裁判所は執行停止を取り消さなければならない。執行停止により、社会に重大な不利益が生じると考えられる場合に、内閣総理大臣の異議が出される。

無効等確認訴訟

出訴期間はなくいつでも訴訟を提起できる

■ 無効等確認の訴えとは

行政処分は違法であっても一応有効なものとして扱われるのが原則です。この効力を否定するには、取消訴訟を提起しなければなりません。しかし、取消訴訟には出訴期間という期限があり、期限を経過すると訴訟提起が認められません。これでは、国民の救済を十分に図ることができません。そこで、行政事件訴訟法は、有効な行政処分を取り消す取消訴訟の他に、そもそも無効であると主張する**無効等確認の訴え**を定めました。

無効等確認の訴えは、行政処分は違法であっても原則として有効だが、違法や瑕疵が重大であればもはや有効にする必要はなくそもそも無効であるという考えに基づくものです。そもそも無効であれば、行政処分の早期安定を図る必要もないため、出訴期間はなくいつでも訴訟を提起できます。

行政処分
公権力の主体である国や公共団体が、一方的に国民の権利を制限し、または、義務を課すことを目的に行う行為をいう。

■ 無効等確認の訴えの要件

無効等確認の訴えのおもな訴訟要件は、処分性や原告適格などです。処分性については取消訴訟と同様の問題が生じます。

原告適格については、行政事件訴訟法36条が定めています。この条文の解釈は見解が分かれていますが、判例の考えに基づけば、次の２つに分類されます。

① 処分などにより損害を受けるおそれがある者
② 処分の無効を主張する法律上の利益を有する者で現在の法律関係に関する訴えでは目的を達することができない者

①は予防訴訟、②は補充訴訟と呼ばれています。②の「法律

無効等確認の訴えの判例
近年の無効等確認の訴えで有名なものは、高速増殖炉もんじゅの設置許可に重大明白な違法があるとして無効等確認の訴えを提起したものが挙げられる。最高裁は重大明白な違法はないと、訴えを棄却している。

無効等確認の訴え

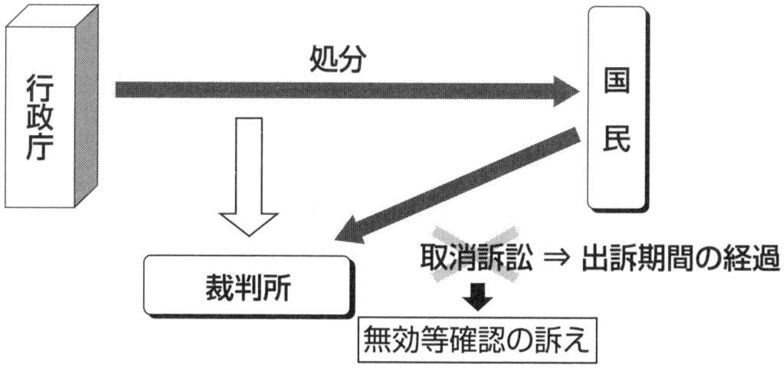

処分の瑕疵が重大・明白であることが必要（判例・通説）

上の利益を有する者」とは、取消訴訟の原告適格と同様の解釈をするというのが通説的見解です。

また、②の「現在の法律関係に関する訴えでは目的を達することができない」場合がどのような場合かについても争いがあります。前提として、当事者訴訟や民事訴訟を提起することで、適切に紛争が解決できる場合には、無効等確認の訴えを提起することはできないと考えられています。

最後に、無効等確認の訴えの本案勝訴要件として、行政処分の違法・瑕疵が重大であることが必要になります。無効等確認の訴えは、出訴期間が経過したために、取消訴訟を提起できない場合であっても、訴訟によって、違法な行政処分を是正することを可能にする特別の訴えです。また、無効等確認の訴え自身に、独立の出訴期間などは存在しません。そのため、そこで争われる行政処分の瑕疵は、特別の訴えで争うに値する程度の重大な瑕疵でなければならないと考えられています。さらに通説は、これに加えて、違法・瑕疵が重大であることが明白であることが必要と考えています（重大明白説）。

判例の考え方

判例はかなり緩やかに考え、他の訴訟と無効等確認の訴えを比較して、無効等確認の訴えが、原告の権利救済の方法として、他の訴えより適しているといえる場合であれば足りると考えている。

本案勝訴要件

訴訟で、原告が求めた請求内容を認められる（勝訴）ために、満たす必要がある要件をいう。本案勝訴要件とされている事実が認められなければ、原告はその訴訟で勝訴することができない。

不作為の違法確認訴訟

勝訴することで行政庁が処分を行うことを促す機能がある

■ 不作為の違法確認の訴えとは

行政事件訴訟法は、行政処分という作為だけでなく、不作為に対しても争う手段を用意しています。それが**不作為の違法確認の訴え**です。この訴えは、行政庁に行政処分や裁決を申請したにもかかわらず、行政庁が何の応答もしないことの違法を確認する訴えです。

不作為の違法確認の訴えの訴訟要件は、まず原告適格です。ここでいう原告適格は、単に「処分又は裁決について申請をした者」であれば認められます。他に、申請をしたにもかかわらず相当の期間処分などがないことも要件となります。

行政事件訴訟法37条

不作為の違法確認の訴えの原告適格について「不作為の違法確認の訴えは、処分又は裁決についての申請をした者に限り、提起することができる」と規定している。

不作為の違法確認の訴えの例

たとえば、営業許可の申請をしたにもかかわらず数か月経っても、営業許可も不許可もなされない場合が挙げられる。

■ 不作為の違法確認の訴えが機能する場面

不作為の違法確認の訴えが用いられる場合としては、上記のように、営業許可の申請を行ったにもかかわらず、行政庁が処分を行わないままに放置している場合などが挙げられます。

行政庁が、いまだに処分を下していない状態であるため、行政処分の取消しが目的である取消訴訟を提起することはできません。そこで、行政庁が、処分を行っていないことが違法であることを確認する訴訟で勝訴することで、行政庁が処分を行うことを促す機能があると考えられています。しかし、ここで1つ注意をしなければならない点があります。それは、不作為の違法確認の訴えで原告が勝訴しても、行政庁は何らかの処分を下す義務を負うにすぎないということです。たとえば、上記の例で、営業許可申請をしたにもかかわらず、行政庁が何ら応答

不作為の違法確認の訴え

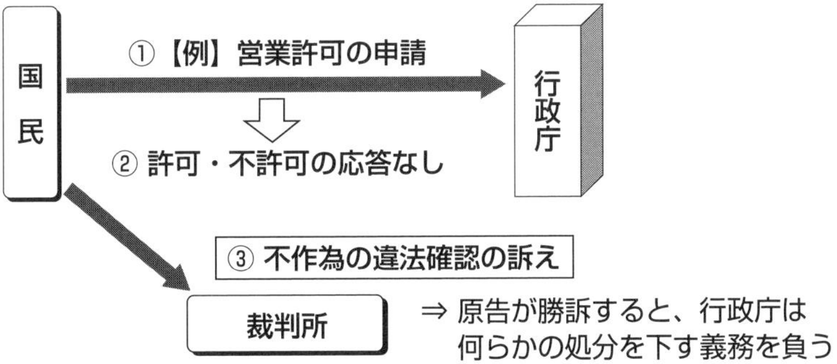

をしないために、不作為の違法確認の訴えを提起した原告は、最終的には、自分に営業許可申請が下りることを期待しているはずです。しかし、不作為の違法確認の訴えでは、行政庁に何らかの処分を下す義務が与えられるだけで、行政庁が不許可処分を下すことを止めることはできません。

そこで、原告が望む本当の救済を実現するためには、義務付けの訴えとあわせて提起する必要があります。これによって、先の例で営業許可を望む原告は、行政庁が何ら処分を行わないことが違法であることを確認するとともに、自分に営業許可を下すことを義務付けることが可能になります。

■ 不作為の違法確認の訴え特有の訴訟要件

抗告訴訟の一種である以上、処分性の要件や原告適格に関して、取消訴訟の訴訟要件と同一の要件を満たす必要があります。

不作為の違法確認の訴え特有の要件としては、「相当の期間」が経過していることが挙げられます。行政庁が処分を行わないことの違法の確認を求める訴えであるため、行政庁が何ら応答を行わない期間が一定程度継続していることが必要になります。

処分性の要件
176ページ参照。

原告適格
180ページ参照。

PART7
19

義務付けの訴え

行政争訟法

義務付けの訴えは申請型と非申請型に分類される

■ 義務付けの訴えとは

新設された抗告訴訟の一類型に、原告が望む行政処分を、積極的に行政庁に義務付けることを可能にする**義務付けの訴え**があります。義務付けの訴えとは、行政庁がある処分を行う義務があるにもかかわらず、その処分を行わない場合に、行政庁に対して、問題になっている処分を下すよう命じることを求める訴えをいいます。かつては、無名抗告訴訟の一種と考えられていて、本来、処分を行うか否か裁量をもっている行政庁に対して、行政処分を行うことを義務付ける訴えを、容易に認めることには消極的であったために、認められるケースはきわめて稀でした。

しかし、行政事件訴訟法の改正により、要件を厳格に定め、行政庁の裁量を不当に侵害することがないように運用される制度を整えて、義務付けの訴えが抗告訴訟として規定されました。義務付けの訴えは、さらに申請型と非申請型に分類されます。

① 申請型義務付けの訴え

この訴えは申請したものの行政庁が放置したり、違法な行政処分がされた場合に、適法な行政処分を義務付ける訴えです。

② 非申請型義務付けの訴え

この訴えは、行政処分がされないことで重大な損害が生じるおそれがあり、その損害を避けるために適当な方法がない場合に、一定の処分を義務付ける訴えをいいます。この訴えの訴訟要件は、ⓐ重大な損害が生じるおそれ、ⓑ損害を避けるための適当な方法の不存在（補充性）、ⓒ原告適格です。たとえば、

無名抗告訴訟
行政事件訴訟法に訴訟類型として規定されておらず、名称がない抗告訴訟の類型をいう。法定外抗告訴訟と同義である。

申請型義務付け訴訟

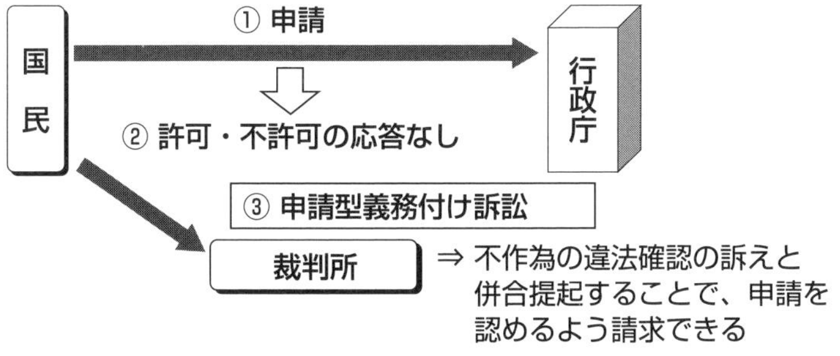

産業廃棄物処理施設の周辺住民が、施設設置許可の取消処分を求めるような場合が挙げられます。

■ 申請型義務付け訴訟が用いられる場合

たとえば、営業許可の申請をしたにもかかわらず数か月経っても、営業許可も不許可もなされない場合などが挙げられます。

PART 7 −18でとりあげたように、申請を行ったにもかかわらず、行政庁が何ら処分を行わない場合（不作為）や、申請に対して拒否処分が行われた場合に、救済方法として申請型義務付け訴訟が機能するといえます。申請を行った者は、自分の申請が認められることが、もっとも望む救済方法ですので、直接的な原告の救済方法として、申請を認める処分を行うことを行政庁に義務付ける訴えとして、設けられた訴訟類型といえます。

■ 申請型義務付け訴訟特有の訴訟要件

申請型義務付け訴訟に特有の訴訟要件として、おもに以下の４点を挙げることができます。

① **申請等に対して、相当の期間内に行政庁が何ら処分等を行わないこと**

申請に対して行政庁が何ら応答を行わない、いわゆる不作為の事例について必要になる要件です。

② 申請等を却下・棄却する処分等が取消しや無効等になるべき欠陥（瑕疵）があること

原告になる者が行った申請が拒否された場合に、申請を認める処分を義務付ける訴訟を提起するために必要な要件です。

③ 原告適格

この訴訟は、申請をした者に限り原告適格が認められます。

④ 他の抗告訴訟との併合提起

不作為の違法確認の訴えや取消訴訟との併合提起が必要です。行政庁が不作為の場合には、不作為の違法確認の訴えと併合して提起する必要があります。そして、行政庁が拒否処分を行った場合には、その拒否処分の取消訴訟、または無効等確認の訴えと併合して提起する必要があります。

■ 非申請型義務付け訴訟が用いられる場合

たとえば、産業廃棄物処理施設の周辺住民が、施設設置許可の職権による取消処分を求めるような場合が挙げられます。

非申請型義務付け訴訟は、行政の介入を求めるための訴訟であるといわれ、とくに、行政庁により処分が下される相手方以外の第三者が、行政庁に対して規制のための権限を発動することを求めるための訴訟として、機能することが念頭に置かれていると考えられています。なお、訴えの中で、行政庁に発動を求める処分は、一般国民にとってはどんな処分を下すのが適切であるのかは、容易に判別することは困難ですから、具体的に確定される必要はないと考えられています。

■ 非申請型義務付け訴訟特有の訴訟要件

非申請型義務付け訴訟は、行政庁に対して申請権をもっていない者が原告になって、行政庁に対して権限を行使することを

申請権

行政に対して、自らの利益になるような行政処分を下すよう、国民が申し出ること。たとえば、営業許可申請などが挙げられる。

非申請型義務付け訴訟

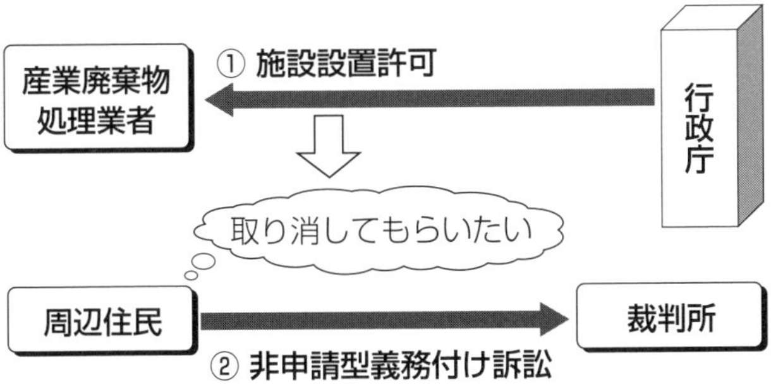

義務付けるという、例外的に認められる訴訟類型だといえますので、申請型義務付け訴訟と比べて、備えるべき訴訟要件が厳格になっています。非申請型義務付け訴訟に特有の訴訟要件として、以下の２点が重要だと考えられています。

①　行政庁が規制権限などの処分を行わないことで、重大な損害が生じるおそれがあること

本来、規制権限を行使するなど、何らかの行政処分を行うか否かは、行政庁が自由に決定することができる事項（行政裁量）です。非申請型義務付け訴訟は、行政裁量が及ぶ事柄について、いわば強制的に行政庁に規制権限を行使させることを可能にする訴訟ですので、行政庁が処分を行わないことによって、重大な損害が生じるおそれがあるという、例外的な場合に限って非申請型義務付け訴訟を提起できると限定しています。

②　補充性

行政庁が規制権限などの処分を行わないことにより、生じるおそれがある損害を避けるために、他に適切な方法がある場合には、あえて非申請型義務付け訴訟によるべきではなく、その他の方法によるべきであるという要件です。

PART7
20

差止の訴え

原告の権利・利益が、回復困難なほどの損害を受けるおそれがある場合、差止の訴えが適切な救済方法として機能する

■ 差止の訴えとは

差止の訴えは、行政処分が行われる事前に、行政処分の発動を差止めることを命じてもらうための訴えをいいます。

抗告訴訟の基本形態は、すでに行われた行政処分により不利益を受けた原告の、権利・利益の救済を目的とする訴訟類型です。しかし、差止の訴えはいまだに行政処分が行われていない段階で、事前に処分の発動を差し止め、あらかじめ原告を救済するという例外的に認められた事前救済としての訴訟類型であるという特徴があります。

■ 差止の訴えが機能する場面

差止の訴えが機能する場面としては、たとえば、懲戒処分が下されるおそれがある公務員が、処分の前にその処分を差し止めるために、差止の訴えを提起する場合などが挙げられます。

このように、差止の訴えが提起されるのは、行政処分が行われる現実性が、可能性といった抽象的な割合ではなく、一定程度、現実味があるといえる場合に提起される訴訟です。

もっとも、行政処分の効力を差し止めるのであれば、実際にその処分が下された後に、その処分が違法であるとして、処分取消しの訴えを提起して、同時に、執行停止の申立てを行うことによっても、同様の効果を得ることができます。しかし、行政行為には公定力という特殊な効力が認められていること、そして、取消訴訟が提起されても、原則として行政処分の執行は停止しない（執行不停止の原則）ことは、前述した通りです。

差止の訴え

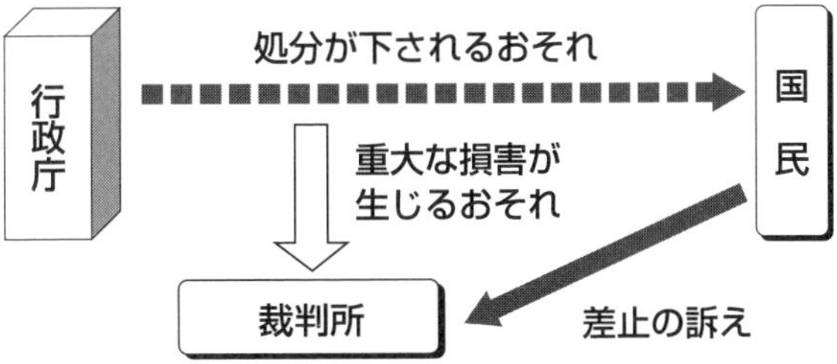

ましてや、取消訴訟の段階で執行停止が認められても、すでに、原告が事後的に回復することが難しいほどに損害を受けている場合も考えられます。そこで、行政処分が下されてしまった後に争ったのでは、原告の権利・利益が、回復困難なほどの損害を受けるおそれがある場面では、差止の訴えが適切な救済方法として機能する場合があるということができます。

■ 差止の訴え特有の訴訟要件

差止訴訟に特有の訴訟要件は、積極要件と消極要件とに分類することができます。

① **積極要件**

差止の訴えを提起するためには、一定の処分等が行われることにより、原告に重大な損害が生じるおそれのある場合でなければなりません。

② **消極要件**

原告に生じるおそれがある損害を避けるために、他に適切な方法がある場合には、他の方法によるべきであり、差止の訴えを用いることはできません。

積極要件
満たしていなければ訴えが不適法になる要件。

消極要件
その事実が存在すると訴えが不適法になる要件。

PART7
21

行政争訟法

仮の救済制度

訴訟提起に伴い、一時的に処分の効力を停止し、または行政庁に暫定的な処分を命じる制度

■ 義務付けの訴えと差止めの訴えを補完する

義務付けの訴えと差止めの訴えを提起しても、取消訴訟の場合と同様に、これらの訴訟でも判決を待っていたのでは、取り返しのつかない損害が発生してしまう可能性があります。そこで、それぞれの訴訟に対応した「仮の義務付け」「仮の差止め」という制度が用意されています（行政事件訴訟法37条の５）。償うことのできない損害を避けるために、緊急の必要があるときに、裁判所は行政庁に対して仮の処分を命じたり、仮の差止めを命じることができます。

■ 仮の救済制度とは

行政処分を除去・予防するために、抗告訴訟は効果的ですが、判決で処分を除去または処分が予防されるまでには、長い裁判を戦わなければなりません。この間に行政処分によって不利益を受けた場合は、裁判が無意味になってしまいます。

そこで、行政事件訴訟法は訴訟提起に伴い、一時的に処分の効力を停止し、または行政庁に暫定的な処分を命じる制度を定めました。これが**仮の救済制度**です。

仮の救済制度は、①処分の執行停止、②仮の義務付け・仮の差止めがあります。①処分の執行停止については、すでにPART7－16で扱いましたので、ここでは②仮の義務付け・仮の差止めについて見ていくことにしましょう。

仮の救済制度のしくみ

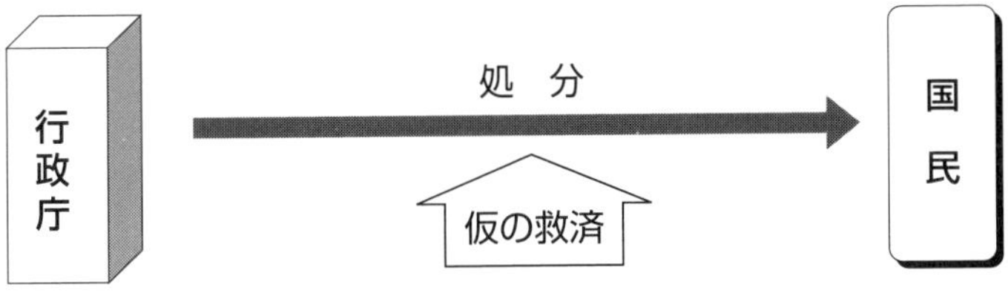

○ 執行停止 ⟺ 内閣総理大臣の異議

○ 仮の義務付け

○ 仮の差止め

■ 仮の義務付け・仮の差止めとは

仮の義務付けと**仮の差止め**は義務付けの訴えや差止めの訴えが提起された場合に、執行停止と同様の役割を果たします。つまり、暫定的に行政処分を義務付けたり、差し止めたりする制度です。

要件は、①義務付けまたは差止めの訴えが提起されていること、②償うことができない損害を避けるために緊急の必要があること、③本案について理由があると見えること、です。

仮の義務付け・仮の差止めは、執行停止よりも強い強制力を行政庁に課す制度です。そのため、執行停止の要件と比べて、より深刻な損害が求められる点や本案に理由があることが要件になっている点に特徴があります。また、義務付けの訴えや差止めの訴えの訴訟要件のところでは、「重大な損害」とされていた要件が、仮の救済では、「償うことができない損害」というように、言葉が異なっています。これは、本体となる訴訟の確定前という暫定的な措置とはいえ、一応は原告が望む救済の状態を与えることになるため、本体の訴訟要件よりも厳格な要件が置かれたものと考えられます。

本案

仮の義務付け・仮の差止めは、原告が求める救済の内容が暫定的に実現された状態である。この原告の請求が、最終的に、正式に認められるか否かが争われる訴訟を、一般に本案と呼んでいる。

PART7
22

当事者訴訟・争点訴訟

行政争訟法

当事者訴訟は、形式的当事者訴訟と実質的当事者訴訟との2つに分類される

■ 当事者訴訟とは

行政事件訴訟法が定める主観訴訟は、一般に抗告訴訟と当事者訴訟に分類されます。ここでは、主観訴訟のもう一方の類型にあたる、当事者訴訟に関して見ていきたいと思います。

当事者訴訟とは、公法上の法律関係に関する訴えをいいます。訴訟の対象が、「公法上の」とされていることから、民事訴訟と区別されることは明らかだといえるでしょう。もっとも、訴訟の形式や進行については、民事訴訟と性質が似ているともいわれています。抗告訴訟が、行政庁の公権力の行使に関する争いであると定義されていることから、公権力の行使に関する紛争以外で、公法上の法律関係についての訴えにあたるものが、当事者訴訟であるということができます。行政事件訴訟法は、当事者訴訟について、これを、形式的当事者訴訟と実質的当事者訴訟との２つに分類して規定しています。

主観訴訟

行政事件訴訟法が定める訴訟類型の分類として、個人の権利義務に関する訴えを指す用語をいう。抗告訴訟と当事者訴訟が主観訴訟にあたり、対立概念は客観訴訟である。

■ なぜ当事者訴訟が規定されたのか

行政事件訴訟法は、手続きに関して抗告訴訟に関する規定を、一部当事者訴訟にも用いて（準用）います。当事者訴訟と抗告訴訟との関係はどのように考えればよいのでしょうか。

行政活動がもたらす不利益から、国民の権利・利益を救済する上で、抗告訴訟には難点があります。それは、抗告訴訟が公権力に関する争いであるために、取消訴訟が典型的ですが、訴訟要件として「処分性」の要件をクリアしなければ、訴訟の対象にすることができません。したがって、行政活動の中で、処

準用

ある事項に関する規定について、その規定の適用があると規定されていないが、他の類似事項に対して、同様の規定を及ぼすこと。

抗告訴訟との関係

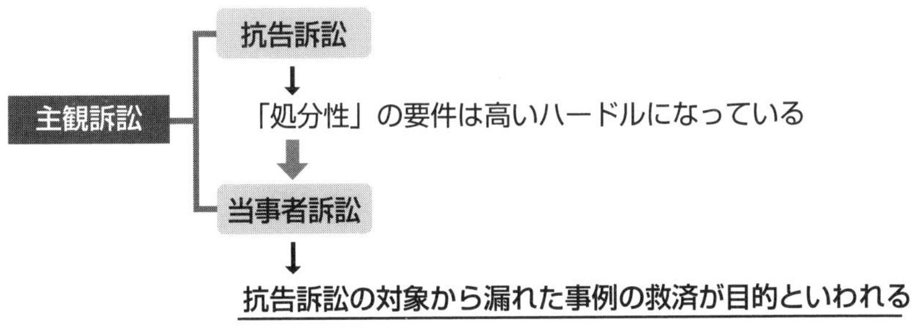

分性の要件を満たさない活動については、救済から漏れてしまうことになります。

そこで、行政庁の公権力の行使にあたる行政活動に対しては、抗告訴訟を提起して、公権力の行使とはいえない行政活動から、国民の権利・利益を救済するためには、当事者訴訟を提起するものと考えられています。

■ 確認訴訟の活用論

抗告訴訟との関係に関連して、「処分性」が認められない行政活動について、訴訟による権利・利益救済の途を拡大していこうとする考え方を、確認訴訟の活用論といいます。

他方で、処分性の概念を拡大して、通達などを抗告訴訟の対象に含める解釈も判例を中心に行われています。

しかし、このような無理な解釈を行わなくても、処分性が認められない行政活動については、当事者訴訟（確認訴訟）による救済を図ればよいという、確認訴訟の活用論が有力化しています。きっかけは、平成16年の行政事件訴訟法の改正で「公法上の法律関係に関する確認の訴え」が公法上の当事者訴訟の例として明記されたことにあります。実際に判例においても、在

確認訴訟の活用論
確認訴訟が明示されたために、このように呼ぶ。

外国民の選挙権確認訴訟などで、当事者訴訟（確認訴訟）が活用される例が見られるようになっています。

■ 形式的当事者訴訟とは

当事者訴訟の一類型といわれる**形式的当事者訴訟**とは、当事者間の法律関係の確認や形成に関する処分等についての訴えですが、法律等の規定により、行政庁ではなく、当事者間で訴訟を行うと定められている訴えをいいます。行政処分という公権力の行使に関する争いといえ、抗告訴訟に類似していますが、法律等の規定により、当事者訴訟の形式をとっているために、形式的当事者訴訟と呼ばれています。たとえば、土地収用法に基づく収用委員会の収用裁決について、損失補償額について不服がある土地の所有者が、収用した土地で事業を行う者（起業者）に対して訴訟を提起する場合などが挙げられます。本来は、収用裁決の効力に関する訴えとして行政庁を相手に訴えを提起すべきところですが、補償額に関する争いについては、土地収用法が当事者訴訟として争わなければならないと規定しています。

■ 実質的当事者訴訟とは

当事者訴訟のもう一方の類型が、**実質的当事者訴訟**です。実質的当事者訴訟とは、公法上の法律関係に関する確認の訴えなどを指します。前述のように、抗告訴訟以外の紛争について、確認の利益が認められる場合に、提起することができる訴えのことをいいます。

かつては、公法私法二元論に対する批判から、公法上の法律関係に関する訴えを、特別に認めることに批判もありましたが、確認訴訟活用論が唱えられるようになりました。行政事件訴訟法が、確認訴訟を明示しているように、実質的当事者訴訟の典型は、確認の訴えの形式を採っていますので、訴訟要件としての確認の利益の有無を判断する場合には、民事訴訟における確

公法私法二元論

憲法をはじめとする公法体系と、民法や商法などの私法とでは、原理が全く異なるため明確に区別が必要であるという考え方。明治憲法下で、公法私法二元論の下、国家権力が強大化したことの反省に立って、現在では純粋な公法私法二元論は支持を失っている。

確認訴訟活用論

主観訴訟の一種である当事者訴訟について、抗告訴訟では救済できない訴訟類型について、救済が可能である当事者訴訟をより活用して行こうとする考え方。

当事者訴訟の類型

- 当事者訴訟
  - 形式的当事者訴訟
    【例】収用裁決について損失補償額に関する訴え
  - 実質的当事者訴訟
    【例】公務員であることの地位の確認の訴え

認の利益の議論が参考にされています。また、抗告訴訟は取消訴訟などに見られるように、出訴期間の制限があるなど、制約もさまざまなものがありますが、実質的当事者訴訟には、抗告訴訟の制約が当てはまらないことも特徴のひとつです。たとえば、懲戒免職処分が無効であることを前提に、公務員である地位の確認の訴えを提起する場合などが挙げられます。また、国が私人に対して訴えを提起する例もあり、私人に差し押さえるべき財産がない場合に、時効の更新のために国が私人に対して提起する租税納付義務存在確認訴訟などが挙げられます。

■ 争点訴訟とは

当事者訴訟と類似していますが、区別すべき訴訟に争点訴訟があります。争点訴訟とは、民事訴訟の中で前提問題として行政庁の処分等の効力が争われる訴えをいいます。たとえば、農地の売渡しにあたり、もともとの地主が現在の地主に対して、土地所有権の確認を求める訴えの中で、農地買収処分の無効を訴える場合などが挙げられます。

あくまでも民事訴訟であり、行政訴訟ではない点で、当事者訴訟とは異なりますが、行政庁の訴訟参加や行政庁への出訴の通知等の行政事件訴訟法の規定が準用されており、当事者訴訟に準じた手続きで審理が行われることになります。

Column

法律上の争訟

行政事件訴訟制度は、司法権を担当する裁判所が、行政活動に対して監視・監督する機能を持っているために、あまりに過度な干渉を許すと、三権分立に対する大きな弊害になりかねません。そこで、行政事件訴訟が司法権の限界に収まっているのかどうかが問題になります。

司法権の限界に関しては、一般に「法律上の争訟」(裁判所法３条１項) にあたらなければなりません (事件性の要件とも呼ばれています)。

法律上の争訟にあたるかどうかは、おもに以下の２つの観点から判断されるものと考えられています。

① 当事者間に具体的・現実的な法律関係に関する紛争が生じていなければなりません。

② また、法律を適用することによって、その紛争に対して、最終的な解決をもたらすことができなければなりません。たとえ、法律関係に関する紛争が生じている場合であっても、法律を適用しても、その紛争を解決できない場合には、法律上の争訟とはいえないと考えられています。したがって、ある法律が無効であることを裁判で確認しようとしても、法律上の争訟にあたらないために、裁判所の判断を受けることはできません。

行政事件訴訟法が規定する抗告訴訟や当事者訴訟は、主観訴訟といわれるように、原則として公権力の行使に基づく個人の法律関係が争われており、法律上の争訟にあたると考えられています。

これに対して、民衆訴訟や機関訴訟は、客観訴訟と呼ばれているように、個人の法律関係に関する紛争は生じていません。しかし、裁判所法３条１項但書は、「その他法律でとくに定める」場合には、法律上の争訟にあたると考えており、客観訴訟も法律上の争訟であると考えられています。

PART 8

国家補償法

PART8
1

行政救済法における国家補償法の位置付け

国家補償法

損害や損失を埋め合わせて金銭で国民の救済を図る

■ 行政救済法と国家補償法

違法・不当な行政活動から、一般国民が救済を求める場合、**行政争訟法による救済制度**が用意されています。行政争訟法のうち、とくに行政訴訟では、違法な行政処分に対して取消訴訟を提起したり、あらかじめ適法な行政処分を義務付けさせる、違法な行政処分を事前に差し止めるなど、行政処分に関連した救済を裁判所に求めることが認められています。

ただ、それでも行政活動によって、国民に損害や損失が発生することはありえます。「警察官の違法な捜査によって、プライバシーを侵害されてしまった」「公共の建築物に欠陥があったために、負傷してしまった」「公共事業を実施するために、所有する土地と建物を収用されることになってしまった」など、いろいろなケースが考えられます。

このような場合には、行政活動の効力を取り消してみても、国民に生じてしまった損害はなかったことにはできません。国民が被った損害等を金銭という形で、補償する必要があります。

そこで、損害や損失を埋め合わせて、金銭で国民の救済を図るために、一連の法律が制定されました。この一連の法体系を**国家補償法**と呼んでいます。

■ 国家補償法とは

行政活動の相手方の受けた損害・損失に対して、金銭的な補償をして解決を図る救済手段を**国家補償**といい、国家補償について規定している法律を**国家補償法**といいます。

国家補償法

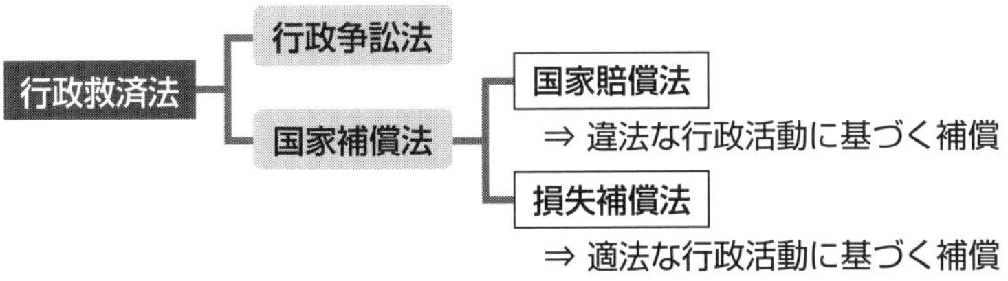

かつては、国家は違法な行為などはなし得ず（国家無答責の法理）、行政活動により生じた損害は、金銭的な補償によって救済する以外にはないと考えられていました。現在は比較的細やかな行政訴訟制度が整えられていますが、それでも、多様な行政活動に対して、行政訴訟が十分に機能しないことも考えられるため、その場合には国家補償法によって、国民の救済を行うことが期待されています。国家補償には、以下の２つがあります。

①　国家賠償

国・公共団体の公務員による違法な公権力の行使や、欠陥のある公の営造物によって受けた損害を賠償するのが国家賠償で、国家賠償について規定している法律を国家賠償法といいます。

国家賠償法は、違法な行政活動が原因になって、本来は国民に損害を与えることを予定していない場合の救済について、取り扱っています。

②　損失補償

国・公共団体の活動により相手方である国民が被った特別の犠牲に対する金銭のてん補（補てん）を損失補償といいます。

損失補償は、国家賠償法とは異なり、国または地方公共団体のおもに適法な行為によって、国民に発生した損失を埋め合わせるための損失補償です。

国家無答責の法理

公権力を行使する国家の行為について、国家が損害賠償責任を負うことはないという考え方。かつて有力であったが、現在では国家も賠償責任を負うという考え方が一般的になっている。

公の営造物

公の目的に供用されている有体物のこと。具体的には、条文に例示されている道路や河川の他、庁舎などの建造物、自動車・航空機といった動産も含まれる。

国家賠償制度

憲法17条は、法律（国家賠償法）に基づく国家賠償制度を採用することを明らかにしている

■ 国家無答責の法理とは

かつて、諸外国においては、国家権力が違法な行為を行い、それによって国民に損害を与えることなどは、理論的にあり得ないという考え方が一般的でした。つまり、国家の行為は常に適法であり、違法な行為を行うことなどできないと考えられていたのです。この考え方を**国家無答責の法理**といいます。

わが国においても、明治憲法の時代は、国家無答責の法理が通用していました。

しかし、第２次世界大戦を経験し、国家の行政活動に対しても、損害賠償責任を肯定する余地があるという考え方が主張されるようになり、国家無答責の法理は支持を失いました。

■ 国家賠償制度とは

国家賠償制度とは、違法な行政活動が原因で生じた損害に対して、国家が賠償を行う制度をいいます。憲法17条は、国家無答責の法理を明文で否定して、法律に基づく国家賠償制度を採用することを明らかにしました。この憲法の規定を受けて、制定されることになった法律が**国家賠償法**です。

国家賠償法は１条で違法な公権力の行使によって国民が損害を受けた場合に、国・地方公共団体への賠償請求を認めています。この規定によって、公権力の行使、とくに行政活動によって損害を受けた国民が泣き寝入りすることなく、損害のてん補を受けることができます。

２条では、公の営造物の設置・管理の瑕疵（欠陥）から生じ

憲法17条の性質

憲法17条は、国家賠償制度の根拠規定であるが、直接、この規定から国家賠償に基づく損害賠償請求ができるわけではない。この規定を受けて国家賠償法が規定されているように、憲法17条のように、法律が制定される際の指針になる規定はプログラム規定と呼ばれている。

国家賠償法ができるまで

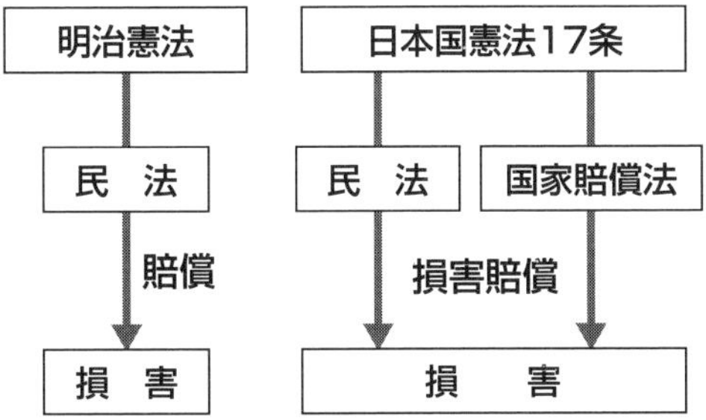

た損害について、国・地方公共団体の賠償責任を定めています。国・地方公共団体が設置または管理する道路や河川といった公の営造物は、安全性を備えていなければならず、そこから発生してしまった損害については、賠償責任を負うべきであるとしています。

国家賠償法は４条で国家賠償法に規定されていないことについては、民法の規定が適用されるとしています。この規定は、国家賠償法が民法の特別法であることを意味しています。つまり、国家賠償法は権力的な行政活動から生じる国民の損害のてん補を予定していますが、条文自体は全部で６か条しかありません。そのため、賠償請求のための裁判手続きなどは民法および民事訴訟法の適用を受けることになります。

■ 国家賠償制度の機能

国家無答責の法理の克服と、民法の特別法としての機能以外にも、行政訴訟の機能を補うという機能があります。行政活動自体の是正を目的にする行政訴訟がうまく機能しない場合に備えて、損害の賠償という形ではありますが、行政活動に対する救済方法を整え、行政訴訟の難点を補う役割を果たしています。

公の営造物

220ページ参照。

行政訴訟の難点を補う役割

取消訴訟をはじめ行政訴訟は、行政活動の効力を消滅させることができるが、提起するには、処分性の要件など、満たさなければならない要件が高いハードルになる場合がある。そこで、国家賠償制度は、行政活動の効力を消滅させることはできないが、金銭による救済方法を用意しているという機能がある。

PART8
3

国家補償法

国家賠償法１条

公権力の行使にあたるか否かによって国または公共団体の概念が明らかになる

■ 公権力の行使に基づく国家賠償の要件

国家賠償法のうち、公務員の不法行為により生じた損害に対する、国または公共団体の賠償責任について、成立要件を見ていきましょう。

公権力の行使に基づく国家賠償責任の成立要件としては、おもに、ⓐ国または公共団体の公務員の、ⓑ公権力の行使に関して、ⓒ職務行為が、ⓓ故意または過失により、ⓔ違法であることによって、ⓕ損害が生じたことが必要である、と考えられています。

なお、ここでいう違法性は、裁判等で行政活動が違法であると認められなくてもかまいません。取消訴訟等で敗訴しても、国家賠償訴訟を提起することはできます。

国または公共団体の賠償責任
国家賠償法１条。公権力の行使に基づく国家賠償と呼ばれている。

公共団体
国家とは独立した機関で、公共に関する事務を扱う機関をいう。地方公共団体や公共組合などを含む概念である。

■ 国または公共団体について

国家賠償法に基づく責任を負担する主体は、国または公共団体であるということになりますが、公権力の行使に基づく国家賠償責任の成立要件について、どのような団体が、国または公共団体にあたるのかはそれほど重要ではありません。なぜなら、少なくとも国家賠償法の上では、公権力を行使している者は公務員であると扱われ、その公務員が属している主体が国または公共団体であると考えられているためです。したがって、公権力の行使にあたるか否かによって、自然に国または公共団体の概念が明らかになるという構造を国家賠償法が採用しているということができます。

国家賠償法１条の成立要件

損害賠償請求
- ① 公務員
- ② 公権力の行使
- ③ 職務を行うについて
- ④ 故意または過失
- ⑤ 違法性
- ⑥ 損害の発生

■ 公権力の行使について

公権力の行使にあたるか否かは、国家賠償法１条に基づく国家賠償責任が成立するか否かにおいて、極めて重要な要件です。公権力の行使にあたるか否かによって、公務員や国または公共団体という概念の範囲が定まることにもなりますし、公権力の行使にあたらない場合には、問題となっている行政活動について、国家賠償法に基づく損害賠償ではなく、民法の不法行為による賠償の対象になり、国家賠償法の対象にあたるか否かという、根幹を決める重大な要件といえるためです。

「公権力の行使」に関して、学説上は、①狭義説、②広義説、③最広義説という３つの立場が主張されています。

①狭義説は、公権力の行使は、命令や強制にあたるような、いわゆる権力的行為に限定する見解であり、③最広義説は、すべての行政活動が公権力の行使であるという見解です。狭義説は救済範囲が狭すぎ、最広義説によると、行政契約に代表されるように、行政が一般国民と同様の立場で行った行為まで対象に含まれることになり、公権力の行使という文言に明らかに反するという批判が加えられています。

そこで、判例・通説は、純粋な経済的活動や国家賠償法２条に規定されている営造物の管理行為等を除く、すべての行政活

民法の不法行為

故意または過失によって他人に損害を与えた場合に、その損害を賠償させる制度（民法709条）。発生した損害の塡補（埋め合わせ）や損害の公平な分担の実現を目的としている。たとえば物を落としてケガをさせた、交通事故を発生させたというような場合が不法行為の典型である。

行政契約

行政主体などが、行政上の目的を達成するために結ぶ契約をいう。とくに私人と同一の立場で結ぶ行政契約は、非権力的な行政活動の例として挙げられる。

営造物の管理行為

国または公共団体が、公共の利用のために管理している物を営造物という。たとえば、河川や海など自然に存在する物ばかりではなく、道路なども含まれる。管理行為とは、営造物が通常持っているべき安全性を維持する行為をいう。

動を公権力の行使であると考える、②広義説を採用しているといわれています。

■ 公務員にあたるか

日常用語で「公務員」という場合は、国家公務員法や地方公務員法上にいう公務員を指していると考えられます。しかし、公権力の行使に基づく国家賠償責任を考える際に、国家公務員法や地方公務員法とは異なる公務員概念が用いられていることに注意が必要です。

国家賠償責任では、公権力の行使にあたるか否かが極めて重要な要件です。したがって、公権力を行使している者と認められれば、国家賠償法上は公務員であると認められ、必ずしも、国家公務員法や地方公務員法上の地位とは一致しない場合があります。反対に、身分として公務員にあたる者であっても、公権力を行使していなければ、国家賠償法上の「公務員」にはあたりません。

■ 職務行為として行われたか

国家賠償責任の対象になる公務員の行為は、職務に関連して行われた行為でなければならず、一般に、職務に関連するといえる程度の外形を持つか否かにより判断されます（外形標準説）。つまり、実際には職務として行っていなくても、一般国民がそれを判別することは困難であるため、職務行為として行われたものとみなして、国家賠償責任の対象にすることが可能になるという考え方が採られています。

■ 故意・過失と違法性

行政活動が客観的に法規範に違反していることを**違法性**と呼び、これと行為者の主観が問題になる故意・過失の要件は区別されるのが原則です。

国家賠償法１条の故意・過失と違法性

過失　（本来は）内心の不注意
↓
要件の近接化　損害の発生に対して結果回避義務を怠ったか否か
＝「過失の客観化」
↑
違法性　職務上果たすべき注意義務を怠ったか否か
＝「職務行為基準説」

故意の有無は比較的明らかですが、一般的に行為者の内心の注意不足が問題になる過失の有無を認定することは難しいといわれています。そこで最近は行為者の内心を外形的な行為から推察するという、「過失の客観化」が主張され、損害の発生という結果を回避する行為を怠った場合には、過失があると判断するという考え方が有力になっています。

一方で、違法性の有無についても、問題になっている公務員が、職務上尽くすべき注意義務を怠ったか否かにより判断されるという考え方（職務行為基準説）が採られるようになっています。したがって、本来は個別に判断されるべき違法性と故意・過失の要件は、一体的に判断されるようになっています。

■ 不作為に対する賠償責任

国家賠償責任の典型例は、違法な行政活動を行った場合（作為）といえますが、行政が規制権限を発動しないことが違法になる場合（不作為）も考えられます。とくに判例では、規制権限を発動しないことが、著しく不合理である場合に、国家賠償責任が生じ得るという考え方を採っているといわれています。

職務行為基準説の機能

職務行為基準説や過失の客観化により、違法性の判断が、故意・過失の判断に類似することになると、取消訴訟における違法性と国家賠償法における違法性の意味が異なるため、取消訴訟で敗訴した者が、国家賠償を請求することが認められることもありうる。

規制権限

行政側が、私人の行動に対して規制を加える目的で、権限を行使すること。規制権限の発動の有無や、規制の内容に関しては、原則として行政に裁量が認められている。

国家賠償法２条

公の営造物について設置または管理に瑕疵があることが要件である

■ 公の営造物の設置管理に関する賠償責任

国家賠償法２条の成立要件は、①公の営造物であること、②設置または管理に瑕疵があること、③損害の発生、です。

①　公の営造物であること

「公の営造物」とは、公の目的のために提供されている有体物のことです。具体的には、条文に例示されている道路や河川の他、庁舎などの建造物、自動車・航空機といった動産も含まれます。

有体物
形のあるもの。

河川が挙げられていることから、ここでいう「公の営造物」の中には、人工的に設けられた公物（人工公物）だけではなく、自然に存在している公物（自然公物）が含まれます。人工公物と自然公物とでは、性質の違いから、そこで必要とされる安全性も、おのずと違いが生じてくることになります。この性質の差が、要件においても現れてきます。

②　設置または管理に瑕疵があること

国家賠償法２条は、公の営造物について、設置または管理に瑕疵があることが要件であると規定されています。ここで留意しておかなければならないことは、設置が要件とされていることです。つまり、自然公物は、もともと存在している物を公物として利用しているにすぎないわけですから、設置ということを考える余地がありません。したがって設置の上での瑕疵は、人工公物でのみ問題になる要件です。

それでは、瑕疵とはどんな事柄を意味しているのでしょうか。瑕疵に関して学説は分かれていて、おもに公物が客観的に安全

国家賠償法２条の成立要件

損害賠償請求

- ① 公の営造物
- ② 設置または管理の瑕疵（無過失責任）
- ③ 損害の発生

性を欠いている状態をいうと考える見解と、設置または管理にあたる者が、必要な注意を怠ったために安全性を欠く状態をいうと考える見解などが主張されています。

判例は、瑕疵とは欠陥であり、その営造物が通常有すべき安全性を欠いている状態と解釈しています。設置または管理の瑕疵は、その営造物の物理的・外形的欠陥だけではなく、機能上の欠陥も含みます。また、損害回避のために必要な措置を欠いていた場合は、管理の瑕疵になります。瑕疵があることについて国・地方公共団体に過失は必要ありません。客観的に安全性を欠いていれば、瑕疵が認められます（無過失責任）。

具体的にどんな場合に瑕疵があるかについては、被害の性質・程度、当該営造物の構造、用法、場所的環境および利用状況などの諸事情を総合して判断します。

③　損害の発生

公の営造物の設置管理に関する賠償責任にいう「損害」とは、国家賠償法１条の場合と同様で、加害行為と相当な因果関係にある損害を指し、生命・身体・財産の他、精神的損害も含まれます。

精神的損害

損害賠償請求における損害の一種である。財産的損害の対立概念であり違法行為によって生じた、精神的苦痛などが損害として評価される。一般に慰謝料と呼ばれることもある。

■ 道路に関する事例

公の営造物には、人工公物と自然公物とが含まれているように、営造物の性質に応じて、瑕疵の有無の判断に影響を及ぼす場合があります。

まず、道路に関する事例を取り上げてみます。道路の設置・管理の瑕疵が問題になった裁判例は多数存在します。問題になった事例は、落石のおそれがある道路について、何ら措置が採られることもないままに放置されていたところ、走行する自動車に岩石が落下して、損害が生じたというような事例でした。

判例の基本的な立場は、安全を確保するための措置が行われていなければ、瑕疵が認められ、その際には、必要な措置を採るための予算が不足していたことは、責任を免れるための理由にはならないというものです。人工公物である道路について、設置・管理の責任は重大であり、道路全体の管理状況が問題にされ、瑕疵の有無が厳格に判断されているといえます。

もっとも、その後の判例の考え方には、変化が見られているともいわれていて、道路に事故車や障害物があるために、そこを通行する車両が損害を負ったというような事例において、必要な措置を講じなければ、瑕疵にあたるという基本的な立場は維持しているものの、必要な措置を採るために必要な時間がなかった場合などには、免責が認められるようになってきており、客観的瑕疵の存在により、即座に責任が認められるのではなく、安全を確保するための注意義務を果たしたか否かが重要視されるようになっています。

■ 河川管理に関する事例

次に、自然公物の典型といえる河川の水害等の事例について考えてみましょう。判例は、問題になっている河川が改修済みか否かによって、対応を区別していると考えられています。

①　未改修の河川

改修が済んでいない河川の瑕疵の有無について、判例は、道路などの人工公物との性質の違いを考慮して、財政的な制約や

瑕疵の有無が問題になる事例

道　路　:【例】自動車に落石

〈瑕疵の判断基準〉安全確保のための措置を行ったか否か

- 予算不足などは免責のための理由にならない（原則）
- 措置を採るのに必要な時間がなかった場合
  → 免責される可能性（例外）

河川　:【例】水害など

〈瑕疵の判断基準〉安全確保のための措置を行ったか否か

- 未改修の河川 ⇒〈瑕疵の判断基準〉
  「過渡的な安全性」を備えているのか
- 改修済みの河川 ⇒〈瑕疵の判断基準〉
  災害が予測された範囲内か否か

技術的な限界なども考慮して、一般的な河川の管理として十分な措置さえ採っていれば、安全性を備えていると判断すると考えています。つまり、自然公物である河川は、もともと氾濫などの可能性があるため、予算の不足なども免責事由として認められる上、他の同等の河川と同一の管理が行われていれば、問題の河川に瑕疵はないと判断されます。ここで要求される河川の安全性は、「過度的な安全性」と呼ばれています。

② **改修済みの河川**

これに対して、改修済みの河川では事情は異なります。改修済みの河川では、予測される災害から被害を防ぐための措置が採られている状態ですので、起こった災害などが予想の範囲内であれば、それにより生じた損害は、瑕疵として賠償責任が認められると考えられています。

免責事由
国家賠償責任を負う要件を満たしているが、ある事実が存在するために、例外的に国家賠償責任の負担を免れることができるような事情を指す。

PART8
5

国家賠償法と不法行為責任との関係

民法や民法以外にも国家賠償責任について特別の法律の規定がある

■ 民法の規定の適用

これまで、公権力の行使に関する国家賠償責任、そして、公の営造物に関する国家賠償責任の成立要件について見てきました。国家賠償責任は、基本的には民法の不法行為に関する規定の特別法として、機能しているということができます。

もっとも、国家賠償法４条は、とくに国家賠償法に規定がない事柄については、民法の規定に従うという規定を設けています。この規定には２つの意味があるといわれています。

１つは、国家賠償責任の要件を満たさず、国家賠償を求めることができない事例については、一般法である民法の不法行為の成立要件を満たすか否かが問題にされ、これを満たす場合には、民法上の不法行為に基づく損害賠償請求を行うことができるということです。

もう１つの意味は、国家賠償法に規定されていない事項については、民法が補充的に適用されるということです。たとえば、国家賠償責任について、責任追及できる期間について、時効の規定などは置かれていません。これは、時効等が不存在であるという意味ではなく、消滅時効期間については、民法と同様に扱われるという意味であると考えられています。

なお、ここでいう「民法」には民法典のみを指すわけではなく、民法の関連法規を含んでいるという考え方が一般的です。たとえば、民法の特別法である失火責任法は、国家賠償責任についても適用があると考えられており、実際に失火責任法の規定に従って、消防職員の責任が軽減された裁判例も存在しています。

消滅時効

権利者が権利を行使しない状態が一定期間続いた場合に、その権利を失うことになる制度（民法166条など）。一般に、「権利の上に眠る者は法による保護を受けない」などと説明される。民法は、通常の債権は５年もしくは10年で消滅するとしているが、それよりも短い時効期間で消滅する債権もある。

失火責任法

「失火ノ責任ニ関スル法律」のこと。失火については、重大な過失がある場合にのみ損害賠償責任を負うとする法律。不法行為（民法709条）の特則である。

国家賠償法と不法行為の関係

国家賠償法 ⇒ 民法（不法行為法）の特別法

- 国家賠償法の要件を満たさない場合
  ⇒ 不法行為が成立する可能性あり
- 国家賠償法に規定がない事項
  ⇒ 民法の規定が適用される（補充的）

民法以外の国家賠償法の特別の規定が存在する場合
⇒特別の規定が適用される

■ 他の法律による特別の規定の可否

さらに、国家賠償法５条には、民法以外にも、国家賠償責任について特別の法律の規定が存在する場合には、その規定に従うという規定が置かれています。

特別法によって、国家賠償責任が加重されるような規定が見られます。もっとも、責任を加重するのではなく、特別法の規定によって責任が軽減される場合が認められるのか否かが争われています。

国家賠償制度は、憲法17条の規定に従って、違法な行政活動がもたらす損害の救済制度として設けられています。そこで、これを法律で制限することは、憲法違反にあたるのではないかが問題になっているというわけです。判例は、かつての郵便法が、郵便業務を行う者が重大な過失により生じさせた損害についてまで、免責を認めていた規定について、憲法に違反すると判断して、法律による責任の制限を認めませんでした。

憲法17条

公務員の不法行為により損害を受けた者が、国または公共団体に対して、損害賠償を請求できることが規定されている。この規定を受けて、国家賠償法が制定されている。

PART8
6

国家補償法

公務員個人に対する責任追及

求償が可能なのは公務員に故意または重大な過失がある場合

■ 公務員個人に対する責任追及は認められていない

国家賠償責任は、違法な行政活動によって生じた損害について、国または公共団体が、その損害を賠償する責任を負うという前提に立っています。

それでは、国民が、違法な行政活動を行った公務員個人に対して、直接損害賠償を求めることはできるのでしょうか。

国家賠償法は、国または公共団体の求償権についての規定を置いていることから、一般的に、公務員個人に対する責任の追及はできないと考えられています。公務員個人の責任追及が可能になってしまうと、公務員が後に損害賠償請求を行われる可能性を不安視して、公務の執行に消極的になり、円滑な公務の執行に支障が出ることが考慮されているといわれています。実際に最高裁判所レベルで、公務員個人に対する責任追及が認められたケースは存在しません。

求償権
他人の債務を代わりに支払った者が、本来の債務者に、自らが支払った金額の支払いを求めることができる権利をいう。

■ 公務員に対する求償

公務員個人に対して直接的に損害賠償請求を行うことはできないと考えられています。しかし、本来違法な行政活動について、それを行った公務員がいるのであれば、その公務員が責任を負担すべきです。

そこで、国家賠償法３条は、公務員自身に故意または重大な過失がある場合に限って、問題になっている公務員は、国家賠償責任を負担した国または公共団体から、求償請求を受ける場合があるという規定を設けています。とくに、公権力の行使に

公務員個人に対する責任追及と求償

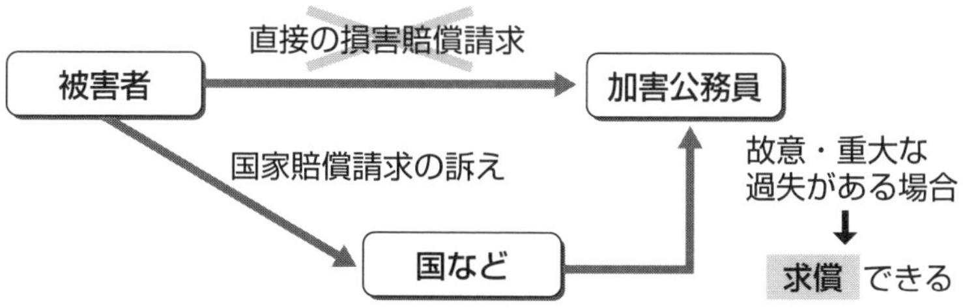

関する国家賠償責任については、もともと、直接の行為者である公務員が存在しますが、公の営造物の設置・管理に関する国家賠償責任についても、損害の発生に何らかの責任を負うべき者がいる場合には、同様に、国または公共団体は、設置・管理に関して、損害の発生に責任を負うべき者に求償が可能であると規定されています。しかし、すべての場合で求償が可能であると規定してしまうと、公務員個人に対する直接の損害賠償請求を認めず、円滑な公務の執行を保護した趣旨が無意味になってしまいますので、公務員に軽度な過失しか認められない場合には、求償は認められません。

■ 責任負担者の特例について

国または公共団体が負担する国家賠償義務について、他の者が責任を負う特例について、国家賠償法は規定を置いています。

国家賠償法3条は、費用負担者の責任を規定しています。たとえば、違法な行政活動を行った公務員の給与等を支払う者がその公務員を監督する者と異なることがあります。また、瑕疵がある公の営造物の設置・管理費用を負担する者が、実際に営造物を管理する者と異なる場合もあります。これらの場合に、費用のみを負担する者も国家賠償義務を負うということです。

国家賠償法3条

「違法な行政活動を行った公務員の給与等を支払う者、または設置・管理に瑕疵があった公の営造物の設置・管理費用を負担する者が、実際にその公務員や営造物の監督・管理にあたる者と異なる場合には、費用のみを負担する者も国家賠償義務を負わなければならない」と規定する。

PART8
7

国家補償法

損失補償制度

判例は損失補償に関する規定を置いていない法律も無効ではなく、憲法29条3項に基づき直接補償請求できるとする

■ 損失補償とは

国家賠償法は国・地方公共団体の違法な行為などへの賠償責任を定めています。一方、行政活動は違法ではないものの、その活動により国民が特別な犠牲を受ける場合があります。この特別の犠牲を補償して救済する制度が**損失補償**です。

たとえば、公共施設を建設するために、特定の個人が持っている土地を強制的に収用した場合、その個人は土地の所有権を失います。この場合にその個人に対して、土地の価格にあたる金額を補償するのが損失補償です。

収用

国や公共団体等が、公共目的のために、本来の所有者等から、強制的に土地の所有権などを取得すること。

■ 損失補償の根拠条文

国家賠償については、憲法17条が国家賠償制度の存在を保障しており、この規定に基づいて、国家賠償法が制定されています。したがって、国家賠償法が国家賠償の根拠規定であることは明らかです。しかし、損失補償に関しては、損失補償法という法律は存在しません。個別の法律の中で、損失補償に関する規定が置かれているだけです。たとえば、土地収用については、土地収用法が損失補償に関する規定を用意しています。したがって、収用裁決によって土地を失うことになる者は、土地収用法に規定されている手続きに従って、損失の補償が行われています。

収用裁決

公共の目的のために、土地の収用が行われる場合に、実際に元々の所有者から土地の所有権を、起業者に移転するための手続き。都道府県の収用委員会が申請に基づき下す裁決である。

一方で、憲法29条３項は、個人の財産権について、正当な補償の下で、公共のために用いることができると規定しています。この憲法の規定は、個人の財産権を保障したものであると考え

憲法29条3項の「特別な犠牲」

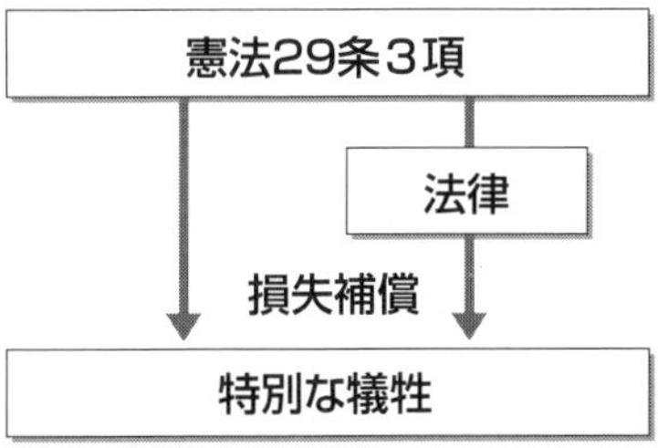

られています。国家賠償制度とは異なり、憲法自身が損失補償制度について、他の法律に委任するという規定にはなっていません。そのために一般法として損失補償法と呼ばれる法典は存在していないのです。

それでは、この憲法29条３項に基づいて、直接的に損失補償を求めることはできるのでしょうか。学説では、以下のように立場が分かれています。

① 違憲無効説

この見解は、個別の法律において、損失補償に関する規定を設けていないことが、憲法に違反すると考える立場です。つまり、憲法を直接の根拠規定にすることは認められず、損失補償に関する規定を置いていない法律の効力が無効になるという考え方を採っています。

② 直接請求権発生説

違憲無効説に対して、一般に判例の立場であるともいわれる見解が、直接請求権発生説と呼ばれる見解です。この立場は、損失補償に関する規定を置いていない法律も無効ではなく、有効であることが前提であり、その場合の損失補償については、憲法29条３項に基づいて、直接損失補償を請求することができると考える見解です。

PART8
8

損失補償法①

国家補償法

特別な犠牲の判断基準には形式的基準と実質的基準がある

■ 損失補償の成立要件

憲法29条３項は、①私有財産を公共のために用いることを損失補償の要件としています。「公共のために用いる」の意味についてはさまざまな見解がありますが、公共事業などのために直接用いる場合、より広く解釈して、公共目的のために私有財産に損失が与えられる場合をいうとする見解などが有力です。

また、損失補償は、社会の中において特別な犠牲を強いられた者に対して、その受けた損失を社会全体でてん補しようとする考え方に基づいています。そのため、②特別な犠牲のあることも損失補償を受ける要件となります。

憲法29条3項
「私有財産は、正当な補償の下に、これを公共のために用ひることができる」と規定されている。

■ 補償の要否の判断基準と財産権を制限する目的

特別な犠牲の有無を判断する基準については２つの観点から、補償の要否を判断する考え方が一般的です。１つは、形式的基準として、規制が個別的であるか一般的であるかという基準が挙げられます。一般的であれば、補償は不要ということになります。もう１つは、実質的基準として、規制が財産権を剥奪したり、本来の効用を妨げる程度の強度なものであるかという基準があります。

なお、災害防止という目的から財産権を規制する場合は、権利者はそれを受忍しなければならないため、損失補償は不要であるとする最高裁判所の判例があります。

また、財産権を制限する目的によっても、補償の要否が異なるといわれています。憲法学でもいわれているように、財産権

補償の要否の判断基準

補償の要否の基準
- **形式的基準** ⇒ 規制は個別的か
- **実質的基準** ⇒ 規制が相手方の財産を奪い、または物の効用の強度な妨害になっているか
  - 積極目的規制 → 補償必要
  - 消極目的規制 → 補償不要

に対する制限は、目的に応じて、消極目的規制と積極目的規制の２つに分類されます。**消極目的規制**とは、社会一般の秩序を守り、国民の安全を保護する目的で加えられる規制です。これに対して、**積極目的規制**とは、公共の福祉を充実させる目的で加えられる規制です。

一般に、消極目的規制については、目的の重要性や、国民の安全等を犠牲にした、財産権を憲法が保障しているわけではないと考えられますので、補償は不要だと考えられています。これに対して、積極目的規制は、本来は自由である財産権の行使について、いわば政策的な理由に基づいて、規制を加えることになるため、補償が必要であるといわれています。

公共の福祉
一般的には、社会的な共同生活の利益のことを公共の福祉という。

■ 公用収用の場合における補償の要否

損失補償が行われる典型例ともいえる、公用収用が行われる場合、特定の者が、公共施設の建設等の公共の福祉のために、土地の所有権などを失うことになるため、一般に、特別の犠牲が認められ、補償が必要になります。もっとも、補償が必要になるのは、実際に収用が行われた時点であると考えられています。したがって収用される前の段階で、土地の利用規制が行われた段階では、補償は不要であると考えられています。

公用収用
公共施設等の建設にあたり必要な土地の所有者が同意しない場合に、国等が強制的にその土地を取得すること。

判例の立場
土地利用規制が60年にも及んでいたにもかかわらず、損失補償が不要であると判断されたケースもある。

損失補償法②

完全補償説の中にも権利対価補償で足りるとする立場と付随的損失に対する補償も必要とする立場がある

■ 正当な補償とは

特別な犠牲にあたる場合に、損失補償はどの程度の範囲に及ぶのでしょうか。この問題については、２つの見解があります。１つは、規制の前後を通じて財産的な価値が変わらないように、完全な補償が必要であるとする完全補償説です。もう１つは、その時代の社会通念に照らして、相当な範囲で補償すればよいとする相当補償説です。終戦後間もない時期の農地改革については、最高裁判所では相当補償説が採用されましたが、現在では、完全補償説が原則です。

社会通念
社会で広く受け入れられている考え・常識のこと。裁判における事実の認定や判決は社会通念に従って行われる。

■ 完全補償の内容

完全補償説を採る場合でも、その内容に関しては、権利対価補償で足りると考える見解と、付随的損失に対する補償まで必要であると考える見解の対立があります。

権利対価補償で足りると考える見解は、規制が加えられる財産権の価値と全く同一の価額について補償することを指して、完全補償であると考える立場です。判例においても、規制の前後で、規制を加えられた者が持つ財産的価値が同一になるような補償が必要であるという立場が示されており、権利対価補償が必要になることを認めているといわれています。

これに対して、付随的損失に対する補償まで必要であると考える立場は、権利対価補償が必要であることはもちろん、規制の対象が土地等である場合には、他の土地に移転するのに必要な移転料などの費用に関しても補償内容に含めるべきであると

特別な犠牲の判断基準と正当な補償

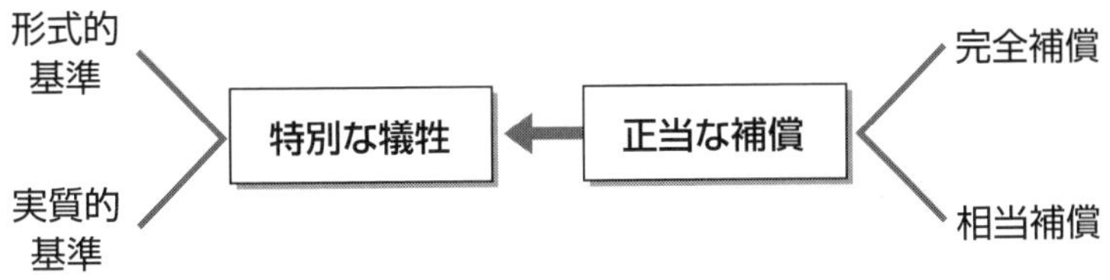

いう見解です。この立場は、規制の前後で財産的価値を同一にするためには、権利対価補償のみでは不十分であることを考慮しています。つまり、権利対価補償は、規制を加えた財産の価額に注目して、その対価を補償額として与えることを基本にしています。しかし、規制を受けた者が、規制された物と全く同一の財産的価値を持つ物を、他から調達しようとする場合には、大規模な工事が必要になる場合もありますし、長距離を移動しなければならない場合も考えられます。したがって、強制的に規制を受けた者が、規制の前後で財産的価値に影響を受けないためには、付随的損失の補償までが必要だといえます。

■ 公用収用の場合における補償の内容

完全補償説を前提にすると、公用収用の場合には、どこまでの範囲が補償されるのでしょうか。

まず、権利対価補償として、収用された土地と同等の代替地を取得するために必要な金額の補償が必要であると、判例においても認められています。そして、付随的損失に関しては、土地収用法は、移転料や営業用の損失、他に建物を賃借する必要が生じた場合の賃借料や、工事費用の補償などが認められています。

工事費用の補償

土地の所有者が持つ土地の一部を収用したために、残りの土地に通路、みぞ、かき、さく等の新築・改築などが必要になる場合がある。この工事に必要な補償は、みぞやかきの設置に必要な補償なので「みぞかき補償」と呼ばれている。

PART8
10

国家補償法

国家賠償と損失補償の谷間の問題

国家賠償の対象を広げて解決を図ろうとする方法と損失補償制度の枠内で解決しようとする方法がある

■ 国家賠償と損失補償の谷間の問題とは

国家賠償制度と損失補償制度のいずれによっても、救済することが困難な事例が存在します。そのような事例は、一般に「国家補償と損失補償の谷間の問題」といわれています。国家賠償と損失補償の谷間はなぜ存在するのでしょうか。

① 国家賠償制度の限界

国家賠償制度は、違法な行政活動に基づいて生じた損害について、国または公共団体が賠償責任を負担する制度です。

詳細な要件については、PART8－3で見てきた通りですが、国家賠償制度を用いる前提として、違法な行政活動であることが必要であることはもちろん、公務員の故意または過失が必要になります。とくに、過失の有無が重要であり、最近では「過失の客観化」といわれるように、過失は行為者が内心の注意を怠っている状態をいうのではなく、損害発生を避けるために必要な注意を果たしたか否かを基準に判断するのが一般化しています。

過失の客観化
本来は、人の内心の不注意をいう過失の認定が困難であることから、損害が発生することを予見し得たにもかかわらず、損害発生を防ぐ行為を怠ったことに基づき、過失を認定する考え方。

したがって、過失の判断は、職務行為を行う上で必要な注意義務を果たしたか否かにより判断される違法性の有無の判断と実質的に重なることになり、本来は別々の要件であるにもかかわらず、実際には過失が認められる場合には、同時に違法性も認められることになります。

しかし、実際の事例には行政活動が結果として違法であっても、活動に従事する者に過失が認められない場合も存在します。違法性の要件と過失の要件は、重なって判断されるようになっ

国家賠償と損失補償の谷間

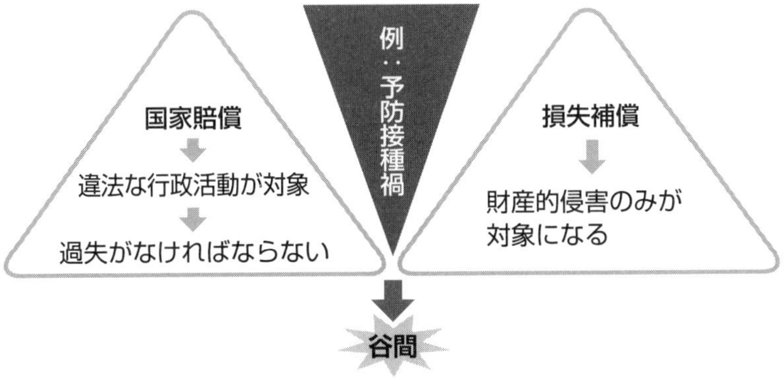

ていますが、あくまでも別の要件ですので、過失が認められない以上、国家賠償制度を用いることはできません。

② 損失補償制度の限界

損失補償制度は、行政活動が適法である場合であっても、それが原因で、特定の個人に財産的損害が生じた場合には、補償が必要になるという制度です。

したがって、違法な行政活動に基づく補償を目的とする国家賠償制度では救済することができない事例に対して、救済の途を開いているともいえます。

しかし、損失補償の根拠は憲法29条３項であることは前述しましたが、この規定は財産権に関する規定です。つまり、損失補償制度は、補償の対象になる侵害が、そもそも財産的侵害に限られているという前提が存在するのです。そのため、国家賠償制度では救済されない活動について、それがたとえ適法な行政活動に基づくものであったとしても、そこで生じる損害が、財産的侵害といえない場合には、損失補償制度を用いることはできません。

財産的損害
特別の犠牲と呼ばれている。

■ 予防接種禍の事例とは

「国家賠償と損失補償の谷間の問題」と呼ばれる事例は、戦争災害の事例をはじめ、いくつか存在するといわれていますが、とくに典型的な事例として挙げられるのが、予防接種禍に関する事例だといえます。

戦争災害の事例

戦争災害のうち、たとえば原爆により損害を負った者が国家補償を要求している場合などが挙げられる。原爆自体は日本が投下したものではなく、国家賠償制度によることは困難であるといえ、被災者が多数存在するため特別の犠牲ということはできず損失補償制度を用いることも難しいため、谷間の問題になる。

予防接種禍の事例とは、学校等の集団で行われる予防接種は、伝染病の予防など健全な社会を営む上で必要不可欠であるにもかかわらず、一定の確率で副作用などの影響で被害者が発生することが避けられないという危険性を持っています。いわゆる「悪魔のくじ引き」とも呼ばれるように、偶発的に生命を落とすなどの被害者が生じる性質の行政活動といえます。

予防接種禍に対して、国家補償を考えるときに、なぜ国家賠償と損失補償の谷間の問題になるのでしょうか。

まず国家賠償の側面から、予防接種禍の事例を見てみましょう。前提として、予防接種を行う行為自体は、社会の安全を保護する目的で行われているため、適法な行為だといえます。また、予防接種を担当する医師等に、過失や違法性の要件を満たすような、注意義務が認められる必要がありますが、予防接種禍は一定の確率で生じる偶発的な事例であり、注意を尽くしたところで、防ぐことはできません。したがって、国家賠償による救済は困難です。

そして、損失補償が可能か否かを考えてみても、予防接種により生じる損害は、国民の生命・身体に対する副作用などによる被害であり、財産的損害にあたりません。したがって、そもそも損失補償の対象にならないといえます。こうして、予防接種禍の事例は、「国家賠償と損失補償の谷間の問題」と呼ばれているのです。

■ 国家賠償法による解決と損失補償法による解決がある

国家賠償と損失補償の谷間を埋めるべく、解釈による解決方

国家賠償と損失補償の谷間の解決に向けて

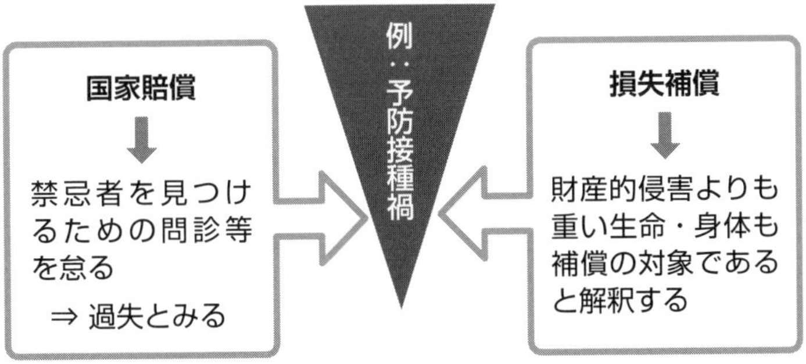

法が提示されています。解決方法の方向性は2つあります。

1つは、国家賠償の対象を広げて解決を図ろうとする解釈方法です。過失の要件を柔軟に解釈することで、予防接種禍の事例において、担当医師等の過失を認定して、国家賠償の対象に含めようとする考え方です。

つまり、予防接種を受けるべきではない禁忌者を発見するために、あらかじめ行われる問診等において、注意を怠り禁忌者にあたる事由を見逃したことに、尽くすべき注意義務を果たさなかったとして過失を認めて、違法性を導きます。これにより、国家賠償による救済が可能になるわけです。裁判例において、この解釈により国家賠償を認めた事例も存在します。

もう一方の解決方法は、広く解釈することで、予防接種禍を損失補償制度の枠内で解決しようとする立場です。つまり、損失補償が対象とする財産的損害と、予防接種禍での損害である生命・身体とを比較して、重要な生命・身体という利益を、財産的利益と別に扱う理由はないため、憲法29条３項を類推適用して、損失補償による救済を可能にするべきであるという考え方が主張されています。

類推適用

法の解釈方法のひとつである。類似した事柄について法律が存在するが、その事柄自体については適用する条文がない場合で、事柄の類似性から同様の規定を及ぼすことが適当であるといえる場合に、他の事柄に関する規定を、問題になっている事柄に適用すること。

Column

国家賠償責任の性質

国家賠償制度は、公権力の行使に基づく国家賠償責任（国家賠償法１条１項）が典型的ですが、公務員の行った不法行為について、国または公共団体が損害賠償責任を負うという制度です。しかし、そもそも、公務員自身の行為に基づく責任であるにもかかわらず、なぜ、国や公共団体が代わりに責任を負わなければならないのでしょうか。この問題に対しては見解の対立があります。

①　代位責任説

国家賠償責任は、あくまでも公務員個人の責任ととらえますが、国または公共団体がこの責任を代位して負担すると考える立場です。公務員の不法行為により、国民が損害を受けた場合に、確実に補償が行われる必要がありますが、公務員の財産状態によって、十分な救済が行われない場合があってはなりません。そこで、国や公共団体が、代位して損害賠償責任を負うという法制度になっていると考えています。

②　自己責任説

代位責任説に対して、公務員は国や公共団体の手足になって、働いている存在であるから、公務員の行為は、いわば国や公共団体自身の行為であると考える立場が、自己責任説です。つまり、公務員の不法行為に基づく責任も、自分自身の行為に基づく責任として当然に負担すると考えています。

一般に判例や通説は代位責任説に立つと考えられています。国家賠償法が公務員に対する求償を認めていることからも、法律に素直な解釈であるといわれています。もっとも、行政活動を通じて、具体的にどの公務員の不法行為かが判明しない場合でも、判例は行政活動全般の中に公務員の不法行為が介在していれば、賠償責任を認めるという立場を示していて、自己責任説と結論が異なる事例は、ほとんどないともいわれています。

【監修者紹介】

木島　康雄（きじま　やすお）

1964年生まれ。京都大学法学部卒業。専修大学大学院修了。予備試験を経て司法試験合格。弁護士（第二東京弁護士会）、作家。過去30冊以上の実用書の公刊、日本経済新聞全国版でのコラム連載と取材の他、多数の雑誌等での掲載歴あり。現在、旬刊雑誌「税と経営」にて、300回を超える連載を継続中。作家としては、ファンタジー小説「クラムの物語」（市田印刷出版）を公刊。平成25年、ラブコメディー「恋する好色選挙法」（日本文学館）で「いますぐしよう！作家宣言２」大賞受賞。平成30年７月には「同級生はＡＶ女優」（文芸社）、令和４年４月には「認知症尊厳死」（つむぎ書房）を発表。弁護士実務としては、離婚、相続、遺言、交通事故、入国管理、債権回収、債務整理、刑事事件等、幅広く手がけている。

主な監修書として、『改訂新版　図解で早わかり 賃貸借のしくみとルール』『図解で早わかり　民法【財産法】のしくみ』『図解　債権回収のしくみがわかる事典』『入門図解　契約書・印鑑・印紙税・領収書の法律知識』『すぐに役立つ　最新借地借家の法律と実務書式87』『入門図解　最新　交通事故の法律とトラブル解決マニュアル』『入門図解　最新　告訴・告発・刑事トラブル解決マニュアル』（小社刊）などがある。

木島法律事務所
〒134-0088　東京都江戸川区西葛西６丁目12 番７号　ミル・メゾン301
TEL：03-6808-7738　FAX：03-6808-7783

改訂新版
図解で早わかり
最新　行政法のしくみ

2022年10月30日　第1刷発行

監修者　木《き》島《じま》康《やす》雄《お》
発行者　前田俊秀
発行所　株式会社三修社
〒150-0001　東京都渋谷区神宮前2-2-22
TEL　03-3405-4511　FAX　03-3405-4522
振替　00190-9-72758
https://www.sanshusha.co.jp
編集担当　北村英治
印刷所　萩原印刷株式会社
製本所　牧製本印刷株式会社

ISBN978-4-384-04901-5 C2032